TU PODER INVISIBLE

GENEVIEVE BEHREND

TU PODER INVISIBLE

MAXIMOPOTENCIAL
www.maximopotencial.com

MÁXIMO POTENCIAL EDICIONES
Aureliano Ibarra, 1
03202 Elche (España)
http://maximopotencial.com
info@maximopotencial.com

Traducción: Carlos Vicente Corbí Andreu

Primera edición, Enero 2017
ISBN: 978-84-946025-6-6
Depósito legal: A 808-2016

Maquetación: Cristina Coll Fernández
Impresión: Liberdúplex
Impreso en España – Printed in Spain

ÍNDICE

PRÓLOGO

Estas páginas han sido escritas con el propósito y la esperanza de que sus sugerencias puedan proporcionarte la llave que abra el camino hacia la obtención de tus deseos, así como para explicarte que el miedo debería de ser completamente desterrado en tu esfuerzo por obtener la posesión de las cosas que deseas. Esto presupone, por supuesto, que tu deseo por poseer está basado en tu afán por una mayor libertad. Por ejemplo, sientes que poseer más dinero, tierras o amigos te hará más feliz, y tus deseos por poseer esas cosas emanan de la convicción de que poseerlas te dará libertad y felicidad.

En tu esfuerzo por poseer descubrirás que en definitiva lo que más vas a necesitar es "ser" con constancia (no de manera esporádica) tu mejor yo, ese yo que entiende que los errores de aquellos a los que amas son simplemente malentendidos. La sensación de que obtener mayores posesiones, sin importar el tipo que sean, te dará una mayor satisfacción y felicidad, es una equivocación. Ninguna persona, lugar o cosa puede darte la felicidad. Puede que te den un motivo por el cual estar feliz o un sentimiento de satisfacción, pero la alegría de vivir proviene de tu interior.

En este volumen, también se quieren sugerir las posibilidades para todos aquellos que hacen un esfuerzo persistente a la hora entender la Ley de la Visualización, y realizan la aplicación práctica de este conocimiento sin importar el nivel en el que se encuentren. La palabra "esfuerzo" tal y como se entiende aquí, no pretende expresar la idea de tensión. Cualquier estudio o meditación debe ser realizado sin ningún tipo de tensión o estrés.

Ha sido mi cometido mostrar que empezando por el principio de la acción creativa o la imagen mental, se llegará con toda seguridad a ciertos resultados correspondientes. "Aunque las leyes del Universo no pueden ser alteradas, se les puede hacer funcionar bajo condiciones específicas, produciendo resultados para el progreso individual que no puede ser obtenido bajo la ley de la espontaneidad en la que funciona la naturaleza."

Aunque las sugerencias que te he dado de las posibilidades que te esperan por medio de la visualización puedan llevarte más allá de las experiencias pasadas, de ninguna manera van a romper la continuidad de la ley de causa y efecto.

Si a través de las sugerencias que aquí se dan alguien llega a darse cuenta de que su mente es el centro a través del cual, y en el cual se maneja "todo el poder que existe", y que simplemente espera para que se le dé una dirección en un único sentido a través del que se pueda tomar una acción específica (y esto significa reacción de forma física o concreta), entonces este libro habrá cumplido su misión.

Intenta recordar que la imagen en la que piensas, sientes, y ves está reflejada en la Mente Universal, y que por la ley natural de la acción recíproca, esa imagen debe volver a ti ya sea en forma física o espiritual. El conocimiento de esta ley de la acción recíproca entre el individuo y el Universo Mental te ofrece el acceso libre a todo aquello que siempre has deseado poseer o ser.

Debe de asumirse firmemente que todo esto solo puede ser verdad para el individuo que reconozca que su poder para crear una imagen mental permanente proviene del espíritu universal de la vida que todo lo crea (Dios), y solo puede ser usado de manera constructiva si está dedicado a mantenerse en armonía con la naturaleza del espíritu que lo originó. Para garantizar esto, no debe de haber ninguna inversión en el pensamiento del individuo acerca de la relación con el espíritu universal creador, que es la de un hijo o hija, a través del cual la mente del padre actúa y reacciona.

Condicionado de esta forma, sea lo que sea lo que pienses y sientas que eres; el espíritu creador de la vida está comprometido a reproducir fielmente la reacción correspondiente. Este es el gran motivo por el cual tienes que imaginarte a ti mismo y a tus asuntos tal y como si fueran realidades existentes (aunque invisibles para el ojo humano) y vivir dentro de tu imagen. Un esfuerzo honesto por hacer esto, siempre reconociendo que tu propia mente es una proyección del espíritu creador, te demostrará que lo mejor que existe es tuyo, en todos tus caminos.

Genevieve Behrend, Septiembre 1921.

Orden de visualización

El ejercicio de la facultad de visualizar mantiene a tu mente en orden, y atrae hacia ti aquellas cosas que necesitas para hacer tu vida más agradable de forma ordenada. Si te entrenas en la práctica deliberada de imaginar tu deseo y lo examinas cuidadosamente, descubrirás pronto que tus pensamientos y deseos fluyen de una manera más ordenada que nunca antes. Cuando hayas alcanzado un estado de mentalidad ordenada ya no vas a estar más en un estado constante de prisa mental. La prisa es miedo y, en consecuencia, es destructiva.

En otras palabras, cuando tu entendimiento comprende el poder que existe a la hora de visualizar lo que deseas de corazón y lo mantiene con tu voluntad, atrae hacia a ti todos aquellas cosas que son un requisito para obtener la realización de esa imagen a partir de las armoniosas vibraciones

Cuando tu entendimiento
comprende el poder que
existe a la hora de visualizar
lo que deseas de corazón y
lo mantiene con tu voluntad,
atrae hacia a ti todos aquellas
cosas que son un requisito
para obtener la realización
de esa imagen a partir de las
armoniosas vibraciones de la
ley de la atracción.

de la ley de la atracción. Te das cuenta de que, puesto que el orden es la primera ley del universo, y la visualización sitúa a las cosas en su elemento natural, entonces visualizar debe ser algo celestial.

Todo el mundo visualiza, inconscientemente o a sabiendas. Visualizar es el gran secreto del éxito. El uso consciente de este gran poder atrae hacia ti los recursos multiplicados, intensifica tu sabiduría, y te permite hacer uso de ventajas que no podías reconocer antes.

Ahora podemos volar por el aire, no porque alguien haya sido capaz de cambiar las leyes de la naturaleza, sino porque el inventor del avión, aplicó las leyes de la naturaleza, y con un ordenado uso de ellas, produjo el resultado deseado. Por lo tanto, en lo que a las fuerzas naturales se refiere, nada ha cambiado desde el principio. No había aviones en el año uno, porque en aquella generación no podían concebir la idea como una posibilidad práctica que funcionase. "Todavía no se ha hecho" era el argumento, "y no puede hacerse". Sin embargo, las leyes de la naturaleza y los materiales para fabricar los aviones existían al igual que existen ahora.

Troward nos dice que la gran lección que aprendió del avión y de la telegrafía inalámbrica es el triunfo del principio por encima del precedente, y trabajar una idea hasta llegar a su conclusión lógica a pesar del testimonio que haya acumulado de experiencias anteriores.

Con este ejemplo ante ti, ¿no te das cuenta de que puede haber todavía grandes secretos por descubrir? ¿Y que, además, tienes en tu interior la llave con la que puedes abrir la cámara secreta en la que se encuentre lo que tu corazón desea? Todo lo que necesitas para que puedas usar esa llave y hacer que tu vida sea exactamente como la deseas, es una cuidadosa investigación de las causas invisibles que están detrás de todas las condiciones externas y visibles. Después pon en armonía esas causas invisibles con tu idea, y te darás cuenta de que puedes convertir las posibilidades que actualmente te parecen solo sueños fantásticos en realidades prácticas que funcionan.

Todos sabemos que el globo fue el antecesor del avión. En 1766 Henry Cavendish, un noble inglés, demostró que el hidrógeno en su estado gaseoso era siete veces más ligero que el aire de la atmósfera. A

“Visualizar es el
gran secreto del éxito. El
uso consciente de este gran
poder atrae hacia ti los recursos
multiplicados, intensifica
tu sabiduría, y te permite
hacer uso de ventajas que
no podías reconocer
antes.”

"En el momento
de visualizar, o crear una
imagen mental no estás
dedicando ese esfuerzo
para cambiar las leyes de
la naturaleza. Estás
haciéndolas
efectivas."

partir de ese descubrimiento se creó el globo, y a partir del globo ordinario se creó el dirigible, una aeronave con forma de puro gigante. El estudio de la aeronáutica y las leyes de locomoción aérea en aves y proyectiles, llevó a la creencia de que se podía desarrollar un mecanismo con el cual máquinas que pesaran más que el aire pudieran permanecer en el aire y utilizarse para viajar de un lugar a otro mediante la fuerza propulsora y la velocidad, superando la ley de la gravitación universal.

El profesor Langley de Washington, quien desarrolló gran parte de la teoría que más tarde otros mejoraron, fue objeto de burla cuando su modelo de aeroplano consiguió despegar aunque solo para acabar hundido en el barro de las aguas del Potomac. Pero los hermanos Wright, que experimentaron a finales del siglo XIX, reconocieron la posibilidad de viajar por el aire en una máquina sin que tuviera bolsa de gas. Se vieron a ellos mismos gozando de ese modo de transporte con gran facilidad. Se dice que uno de los hermanos le decía al otro (cuando sus variados experimentos no daban el resultado que esperaban): "No pasa nada hermano, puedo verme montado en esa máquina, que viaja fácilmente y con estabilidad."

Los hermanos Wright sabían lo que querían, y mantuvieron sus imágenes constantemente ante ellos.

En el momento de visualizar, o crear una imagen mental, no estás dedicando ese esfuerzo para cambiar las leyes de la naturaleza. Estás haciéndolas efectivas. Tu objetivo al visualizar es llevar las cosas al orden normal, tanto mental como físicamente. Cuando te des cuenta de que este método que aplica tu poder creativo convierte tus deseos, uno detrás de otro, en una realización material práctica, tu confianza en la misteriosa pero inequívoca ley de la atracción, que tiene la estación central de poder en el mismo corazón de tu imagen o palabra, se vuelve suprema. Nada puede hacerla flaquear. Nunca sentirás que sea necesario quitarle nada a nadie. Has aprendido que pedir las cosas y buscarlas, tienen como correlativos recibir y hallar. Sabes que lo único que tienes que hacer es que la sustancia plástica del Universo empiece a moldearse conforme a tus pensamientos de imagen y deseo.

Cómo atraer hacia ti las cosas que deseas

El poder que está dentro de ti, que te permite formar una imagen mental, es el punto de partida de todo lo que existe. En su estado original es la sustancia indiferenciable y sin forma de la vida. Tu imagen mental forma el molde (por así decirlo) en el cual esta sustancia sin forma obtiene la forma. Imaginar, o ver las cosas mentalmente y las condiciones tal y como quieres que sean, es el poder condensador y especializado, que se encuentra en ti y que podría ser ilustrado por la lente de un proyector. El proyector es uno de los mejores símbolos de esta facultad de imaginar. Ilustra el funcionamiento del espíritu creador en el plano de la iniciativa y la selección (o en su forma concentrada y especializada) de una manera sumamente clara.

Esta diapositiva ilustra tu propia imagen mental –invisible en el proyector de tu mente

"Visualizar
sin una voluntad lo
suficientemente constante
para inhibir los pensamientos
y sentimientos contrarios a
tu imagen, sería tan inútil
como un proyector
sin luz."

hasta que enciendes la luz de tu voluntad. Es decir, enciendes tu deseo con la fe absoluta de que el espíritu creador de la vida, que está en ti, está haciendo el trabajo. Mediante el flujo constante de la luz de la voluntad en el espíritu, la imagen deseada se proyecta en la pantalla del mundo físico, una reproducción exacta de la diapositiva que está en tu mente.

Visualizar sin una voluntad lo suficientemente constante para inhibir los pensamientos y sentimientos contrarios a tu imagen, sería tan inútil como un proyector sin luz. Por otra parte, si tu voluntad está lo suficientemente desarrollada para mantener tu imagen en el pensamiento y el sentimiento, sin ningún tipo de duda, sino simplemente dándose cuenta de que tu pensamiento es el gran poder atractivo, entonces tu imagen mental se proyectará en la pantalla de tu mundo físico como una diapositiva colocada en el mejor proyector jamás creado.

Intenta proyectar una imagen en un proyector con una luz que constantemente se esté moviendo de un lado a otro, y obtendrás el efecto de una voluntad variable. Es necesario que te mantengas siempre detrás de tu imagen con una voluntad fuerte y constante, de la misma manera que es importante tener una luz firme y constante detrás de una diapositiva. La gran seguridad con la que creas tu imagen es el gran imán de la fe, y nada puede destruirlo. Estás más feliz que nunca porque has aprendido a encontrar dónde está tu fuente de suministro, y confías en su respuesta segura a tus indicaciones. Cuando todo está dicho y hecho, la felicidad es la única de las cosas que el ser humano quiere, y el estudio de la visualización te permite obtener más de la vida de lo que hayas obtenido jamás. Ante ti, se seguirán incrementando las posibilidades.

Un hombre de negocios me dijo en una ocasión que desde que practicaba la visualización y había adquirido la práctica de dedicar unos minutos al día a pensar sobre su trabajo y cómo él quería que fuera, de una manera amplia en general, su negocio había crecido más del doble en seis meses. Su método consistía en ir a una habitación cada mañana antes del desayuno y crear un inventario mental de su negocio tal y como lo había dejado la noche anterior, y entonces ampliarlo. Dijo que se expandía y se expandía de esta manera hasta que los acontecimientos se encontraron en una

"Cuando todo
está dicho y hecho,
la felicidad es la única de
las cosas que el ser humano
quiere, y el estudio de la
visualización te permite
obtener más de la vida de
lo que hayas obtenido
jamás."

ndición de éxito innegable. Se imaginaba a sí mismo en su oficina haciendo todo lo que quería que estuviera hecho. Su ocupación le hacía reunirse con muchos desconocidos cada día. En su imagen mental se veía con esas personas entendiendo sus necesidades y proporcionándoles lo que deseaban. Este hábito, decía, había fortalecido y dado firmeza a su voluntad de una manera casi inconcebible. Además, al ver las cosas mentalmente tal y como él las deseaba, había adquirido la sensación confiada de que se estaba ejercitando cierto poder creador, para él y a través de él, con la finalidad de mejorar su pequeño mundo.

Cuando empieces a visualizar seriamente, tal vez sientas, como otras muchas personas, que alguien más puede estar imaginándose la misma imagen que tú, y que naturalmente, eso puede no ajustarse a tu propósito. No tengas ninguna preocupación innecesaria por esto. Simplemente intenta darte cuenta de que tu imagen es un ejercicio ordenado de la fuerza universal creadora concretamente aplicado. Por lo que puedes estar seguro de que nadie puede trabajar en tu contra. La ley universal de armonía lo impide. Procura tener en mente que tu imagen mental es la Mente Universal ejercitando sus poderes inherentes, específicamente, de iniciativa y de selección.

Dios, o la Mente Universal, creó al hombre con el propósito especial de diferenciarse a través de él. Todo lo que existe, ha sido creado de este mismo modo, mediante esta misma ley de auto-diferenciación, y con el mismo propósito. Primero se creó la idea, la imagen mental o el prototipo de la cosa, que es la misma cosa en su forma incipiente plástica.

El Gran Arquitecto del Universo se contempló a sí mismo manifestándose a través de su polo opuesto, la materia, y la idea se expandió y se proyectó hasta que tuvimos un mundo, muchos mundos.

Mucha gente pregunta: "Pero, ¿Por qué debemos tener un mundo físico?". La respuesta es: porque está en la naturaleza de la sustancia creadora solidificarse, bajo la direccionalidad más que actividad, de la misma manera que existe el hecho en la naturaleza de que la cera se endurece cuando se enfría, o de que el yeso se vuelve firme y sólido cuando se expone al aire. Tu imagen es esa misma sustancia divina en su estado previo a tomar forma a través de ese centro de operación divina que es tu mente; y no hay ningún poder que pueda impedir que esta combinación de sustancia espiritual se convierta en forma física. Es la naturaleza del espíritu quien completa el trabajo, y una idea no está completada hasta que se haya creado un vehículo para ella.

Nada puede impedir que tu imagen pueda obtener una forma concreta, excepto el mismo poder que le dio la vida, tú. Supongamos que quieres tener una habitación más ordenada. Miras alrededor de tu habitación y la idea del orden te sugiere cajas, armarios, estanterías, perchas, etcétera. La caja, el armario, las perchas, todo son ideas concretas de orden. Vehículos a través de los cuales el orden y la armonía se sugieren.

“Nada
puede impedir
que tu imagen pueda
obtener una forma concreta,
excepto el mismo poder
que le dio la
vida, tú.”

La relación entre la forma mental y física

Algunas personas sienten que visualizar cosas no es lo más adecuado. "Es demasiado material" dicen. Pero la forma material es necesaria para el auto-reconocimiento del espíritu desde el punto de vista individual. Y este es el medio por el cual el proceso creativo se lleva hacia adelante. Por lo tanto, lejos de que la materia sea una ilusión o algo que no debería existir (tal y como algunos profesores de metafísica enseñan), es el canal necesario para la auto-diferenciación del espíritu. Sin embargo, no deseo llevarte hacia un razonamiento complejo y tedioso para eliminar el misterio de la visualización y ponerla sobre una base lógica. Naturalmente, cada individuo hará esto a su manera. Mi único deseo es destacar el camino más fácil que conozco, que es el camino por el que Troward me guía. Estoy segura de que llegarás a la misma conclusión que yo, de que el único misterio en relación con la visualización es el

"Todos
poseemos más
poder y muchas más
posibilidades de lo que
nos damos cuenta, y
visualizar es uno de
esos grandes
poderes."

misterio de la vida tomando forma, gobernada por unas leyes inalterables y fácilmente comprensibles.

Todos poseemos más poder y muchas más posibilidades de lo que nos damos cuenta, y visualizar es uno de esos grandes poderes, el cual ofrece más opciones a la hora de observar. Cuando nos paramos a pensar por un momento, nos damos cuenta que para que el cosmos pueda existir, debe ser el resultado de una mente cósmica, que une a "todas las mentes individuales a ciertas unidades de acción genérica, produciendo así todas las cosas como realidades y ninguna como ilusiones." Si tomas este pensamiento de Troward y meditas sobre el sin ningún tipo de prejuicio, indudablemente te darás cuenta de que la forma material concreta es una necesidad absoluta en el proceso de creación, y también, de que "la materia no es una ilusión sino un canal necesario a través del cual la vida se diferencia".

Si consideras a la materia en su orden correcto como el polo opuesto del espíritu, no encontrarás ningún antagonismo entre ellos. Por el contrario, juntos constituyen un todo armonioso. Y cuando te das cuenta de esto sientes, en tu hábito de visualizar, que estás trabajando desde la causa y efecto, desde el

"Si consideras a la materia en su orden correcto como el polo opuesto del espíritu, no encontrarás ningún antagonismo entre ellos. Por el contrario, juntos constituyen un todo armonioso."

principio hasta el final. En realidad tu imagen mental es el trabajo especializado del espíritu creador.

Uno podría hablar durante horas simplemente sobre líneas científicas, mostrando, como dice Troward, "que la materia prima para la formación de los sistema solares esta universalmente distribuida por todo el espacio. Las investigaciones todavía muestran que al mismo tiempo que existen cielos con millones de soles, existen espacios que no muestran ninguna actividad cósmica. Siendo esto verdad, debe haber algo que inició la actividad cósmica en determinados lugares, mientras que pasó de largo por otros en donde la materia prima estaba igualmente disponible.

A primera vista, uno podría atribuir el desarrollo de la energía cósmica a las partículas etéreas. Sin embargo, en la investigación encontramos que esto es matemáticamente imposible en un medio que está distribuido equitativamente por el espacio, por lo que todas las partículas están en equilibrio, y ninguna posee en sí misma un mayor poder de originar movimiento que las otras.

De este modo, encontramos que el movimiento inicial, aunque trabaja dentro y a través de las partículas de la sustancia primaria, no se inicia en las propias partículas. Es este algo a lo que nos referimos cuando hablamos de espíritu. El mismo poder que trajo a la sustancia universal a la existencia, convertirá tu pensamiento individual o imagen mental en forma física. No hay ninguna diferencia en el tipo de poder. La única diferencia es una diferencia de escala. El poder y la sustancia por sí mismas son iguales. Solo que al desarrollar tu imagen mental se transfiere energía creativa de la escala universal a la particular, y funciona de la misma manera inequívoca desde su centro específico: tu mente.

"El mismo
poder que trajo a la
sustancia universal a la
existencia, convertirá tu
pensamiento individual o imagen
mental en forma física. No hay
ninguna diferencia en el tipo
de poder. La única diferencia
es una diferencia
de escala."

El funcionamiento de tu imagen mental

La forma en la que funciona un gran sistema telefónico puede ser usada como un símil. La central principal se subdivide a sí misma en muchas ramas, cada rama estando en conexión directa con su fuente, y cada rama individual, que reconoce la fuente de su existencia, informa de todo a la central principal. Por lo tanto, cuando se requiere ayuda de cualquier naturaleza, nuevos suministros, reparaciones complejas y demás, la rama necesitada acude rápidamente a su central principal. No pensaría en referir sus dificultades (o éxitos) a la central principal del sistema telegráfico (aunque pertenezcan a la misma organización). Estas diferentes ramas saben que el único remedio ante cualquier dificultad debe provenir de la central desde la que fueron proyectadas.

Si nosotros, como ramas individuales de la Mente Universal, nos refiriéramos a nuestras dificultades con esta misma confianza a la fuente por la que fuimos proyectados, y usáramos los remedios que nos proporcionara, nos daríamos cuenta de que es lo que quería decir Jesús cuando dijo: "Pedid y recibiréis". Obtendríamos así todo nuestro abastecimiento. Indudablemente el Padre debe proveer al hijo. El tronco del árbol no puede dejar de abastecer a sus ramas.

Todas las cosas ya sean animadas o inanimadas están llamadas a la existencia o a destacar por un poder el cual no destaca por sí mismo. El poder que crea la imagen mental, la sustancia del espíritu creador de la imagen que es tu deseo, no sobresale. Proyecta la sustancia de sí mismo que es su misma parte solidificada, mientras que se mantiene invisible para el ojo humano. Solo serán capaz de apreciar el valor de la visualización aquellos que sean capaces de darse cuenta del significado de lo que Pablo dijo: "Los mundos fueron creados por la palabra de Dios. Las cosas que se ven no están hechas de cosas que aparecen".

No hay nada inusual o misterioso en la idea de que el deseo que imaginas se convierta en una evidencia material. Se debe a que la ley natural universal funciona así. El mundo fue proyectado por la auto-contemplación de la Mente Universal, y esta misma acción tiene lugar en cada rama individualizada, que es la mente del hombre. Todo en el mundo tuvo un principio en la mente y se convierte en existencia de exactamente la misma manera, desde el sombrero que llevas en la cabeza hasta las botas que llevas en los pies. Todo son pensamientos proyectados, solidificados.

Tu avance personal en la evolución depende de que hagas un uso correcto del poder de visualizar, y el uso que hagas de él depende de si reconoces que tú, tú mismo, eres un centro específico a través del cual y en el cual el espíritu creador se expresa. Su acción creativa es ilimitada, no tiene principio ni final, y siempre es ordenado y progresivo. "Transcurre etapa por etapa, siendo cada etapa una preparación necesaria para la siguiente".

Ahora veamos si podemos hacernos una idea de las diferentes etapas por las cuales las cosas en el mundo han nacido para existir. Troward dice "Si podemos llegar al principio del funcionamiento que produce esos resultados, podemos darle rápida y fácilmente una aplicación personal. Primero, sabemos que el pensamiento que origina la vida,

“Tu avance
personal en la evolución
depende de que hagas un uso
correcto del poder de visualizar, y el
uso que hagas de él depende de si
reconoces que tú, tú mismo, eres un
centro específico a través del cual
y en el cual el espíritu creador
se expresa.”

o el espíritu creador sobre sí mismo es una simple conciencia de su propio ser, y esto produjo un primer éter, una sustancia universal a partir de la cual el mundo debe crecer".

Troward nos dice también que "a pesar de que esta conciencia de ser es una base necesaria para cualquier otra posibilidad, no se habla mucho de ella." Ocurre lo mismo con el espíritu individualizado, el cual eres tú mismo. Antes de que te distraiga la idea de crear una imagen mental de tu deseo en su forma práctica, tienes que tener alguna idea de tu ser, tu "yo", y tan rápido como seas consciente de tu identidad empezarás a disfrutar de la libertad que esta conciencia sugiere. Quieres hacer más y ser más, y conforme satisfagas este deseo en tu interior, el espíritu localizado iniciará actividades conscientes en ti.

Lo que más debe preocuparte es la acción específica del espíritu creador de la vida, la mente universal especializada. El germen de Dios que está localizado en ti es tu personalidad, tu individualidad, y puesto que el disfrute de la libertad absoluta es la naturaleza inherente de este germen de Dios, es natural que se vea tentada a disfrutar de sí mismo a través de su centro específico. Y conforme crece la comprensión de que tu ser, tu individualidad, es Dios particularizándose, naturalmente desarrollas tendencias divinas.

Quieres disfrutar de la vida y de la libertad. Quieres la libertad tanto para tus asuntos como para tu conciencia, y es natural que lo quieras. Siempre con este deseo progresivo hay una imagen o pensamiento débil. Conforme tu deseo y reconocimiento van creciendo hasta convertirse en un intenso deseo, este deseo se convierte a su

vez en una imagen mental clara. Por ejemplo, una chica joven que estudia música desea tener un piano para poder practicar en casa. Desea el piano con todas sus fuerzas, tanto que puede verlo mentalmente en una de las habitaciones. Mantiene la imagen del piano y se satisface en el reflejo mental del placer y de la ventaja que supondría tener el piano en un rincón de la sala de estar. Un día, lo encuentra allí donde lo había imaginado.

A medida de que vaya creciendo tu comprensión sobre quien eres, de donde viniste, y cuál es el propósito por el cual existes, y de cómo vas a

“Conforme
tu deseo y
reconocimiento van
creciendo hasta convertirse
en un intenso deseo,
este deseo se convierte
a su vez en una
imagen mental
clara.”

“Todo
lo que existe,
ya esté en el plano
de lo visible o lo invisible,
tiene su origen en la
acción localizada del
pensamiento o en una
imagen mental.”

satisfacer este propósito, te permitirás cada vez más tener un centro a través de cual el espíritu creador de la vida puede disfrutar de si mismo. Y te darás cuenta de que solo puede haber un proceso creativo, que es el mismo en su potencialidad, tanto si es universal como si es individual. Además todo lo que existe, ya esté en el plano de lo visible o lo invisible, tiene su origen en la acción localizada del pensamiento o en una imagen mental, y esto te incluye a ti mismo, porque tú eres un espíritu universal localizado, y la misma acción creativa tiene lugar a través de ti.

Ahora sin duda te estarás preguntando porque hay tantas enfermedades y miseria en el mundo. Si el mismo poder e inteligencia que creo el mundo está el funcionamiento en la mente del hombre, ¿por qué no se manifiesta por sí mismo como fuerza, alegría, salud y plenitud? Si uno puede satisfacer su deseo con el simple hecho de crear una imagen mental del deseo, manteniéndola con voluntad, haciéndolo sin ansiedad en el plano visible, y haciendo todo lo que sea necesario para convertir el deseo en realidad, entonces no hay razón para explicar la existencia de las

"Si tu
voluntad insiste en
imaginarte mentalmente
rodeado de las cosas y las
condiciones que deseas,
entenderás que la energía
creativa envía la sustancia
plástica en la dirección indicada
por la tendencia de tus
pensamientos."

enfermedades o de la pobreza. Sin duda alguna, nadie desea ninguna de las dos.

La primera razón es que pocas personas se toman la molestia de indagar en los principios de funcionamiento de las leyes de la vida. Si lo hicieran, se convencerían pronto de que no hay necesidad para las enfermedades o la pobreza que vemos. Se darían cuenta de que visualizar es un principio y no una falacia.

Hay unos pocos que han descubierto que vale la pena estudiar esta simple, pero absolutamente inequívoca ley, que les liberará de la esclavitud. Sin embargo la raza humana en general no tiene la voluntad de dedicar el tiempo requerido para estos estudios. O es demasiado fácil o demasiado complejo. Puede que creen una imagen de su deseo con algo de comprensión visualizando por un día o dos, pero es más frecuente que sea durante una hora aproximadamente.

Pero si tu voluntad insiste en imaginarte mentalmente rodeado de las cosas y las condiciones que deseas, entenderás que la energía creativa envía la sustancia plástica en la dirección indicada por la tendencia de tus pensamientos.

"Cuanto
más entusiasmo
y fe puedas ser capaz de
poner en tu imagen, con
más rapidez se convertirá
en una forma
visible."

Ahí reside la ventaja de mantener tu pensamiento en la forma de una imagen mental.

Cuanto más entusiasmo y fe puedas ser capaz de poner en tu imagen, con más rapidez se convertirá en una forma visible, y tu entusiasmo se incrementará manteniendo ese deseo en secreto. En el momento que hables de ello a cualquier alma viviente, en ese momento, tu poder se debilitará. Tu poder, tu atracción magnética no será tan fuerte, y en consecuencia, no podrá llegar muy lejos. Cuanto más perfectamente guardado este el secreto entre tu mente y tu "yo" visible, más vitalidad le otorgarás a tu poder de atracción. Uno cuenta sus problemas para que se debiliten, para sacarlos de la mente, y cuando un pensamiento se revela, su poder se disipa. Háblalo contigo mismo, e incluso escríbelo, pero luego destruye el papel.

Sin embargo, esto no quiere decir que debas esforzarte enérgicamente para imponer que el poder trabaje sobre tu imagen de esa forma específica que tú piensas que debería hacerlo. Ese método pronto te agotaría y evitaría que alcanzarás la satisfacción de tu propósito. No tiene que fallecer un familiar rico, ni nadie tiene que perder una fortuna en la calle para que se materialicen los 10.000 dólares que te estás imaginando mentalmente.

Uno de los porteros del edificio en el que vivo escuchó hablar mucho sobre el acto de imaginar deseos mentalmente a los visitantes que venían a mi consulta. El deseo promedio era de 500 dólares. Consideró que cinco dólares se adecuaba mejor a su deseo y comenzó a imaginarlo, sin la menor idea de dónde o cómo lo iba a conseguir. Mientras, mi loro se escapó por la ventana, por lo que llamé a los hombres que estaban en el patio para que lo cogieran. Uno de ellos lo atrapó pero el loro le mordió en el dedo. El portero, que tenía los guantes puestos, no tenía miedo de que le mordiera igual, lo cogió y me lo trajo. Le di cinco billetes de un dólar por el servicio. Esta recompensa repentina le sorprendió. Me dijo entusiasmado que había estado visualizando cinco dólares, simplemente por el hecho que escuchó de que las otras personas visualizaban. Estaba encantado con la inesperada realización de su imagen mental.

Todo lo que tienes que hacer es crear una imagen mental de lo que tu corazón desea, mantenerla motivada en un lugar con tu voluntad, siempre

"Todo
lo que tienes
que hacer es crear una imagen
mental de lo que tu corazón desea,
mantenerla motivada en un lugar con
tu voluntad, siempre consciente de
que el mismo poder infinito que creó
el universo te ha traído a la forma
con el propósito de disfrutar él
mismo y a través
de ti."

consciente de que el mismo poder infinito que creó el universo te ha traído a la forma con el propósito de disfrutar él mismo y a través de ti. Y puesto que todo es vida, amor, luz, poder, paz, belleza, y alegría, y es el único poder creador que existe, la forma que tome en ti y a través de ti dependerá de la dirección que tu indicador de pensamiento le haya dado. En ti está indiferenciado, esperando a tomar cualquier dirección que se le dé cuando pase por el instrumento que él ha creado con el propósito de distribuirse.

Es este poder el que te permite transferir tus pensamientos de una forma a otra. El poder de cambiar tu mente es el poder universal individualizado que toma la iniciativa, dando dirección a la sustancia fluida contenida en cada pensamiento. Es la cosa más sencilla del mundo darle a esta sustancia plástica y sensible cualquier forma que desees a través de la visualización. Cualquiera puede hacerlo dedicándole un poco de esfuerzo.

Cuando estés realmente convencido de que tu mente es un centro a través del cual la sustancia plástica de todo lo que existe en tu mundo adopta su forma, la única razón por la que tu imagen no siempre se materializa es porque has introducido algo antagónico al principio fundamental. Muy a menudo este elemento destructor está causado por la frecuencia con la que cambias tus imágenes. Después de muchos de esos cambios decides que tu deseo original es, después de todo, el que quieres. Al llegar a esta conclusión, te preguntas por qué, "siendo tu primera imagen", no se ha materializado. La sustancia plástica con la que estás tratando mentalmente es más sensible que la película fotográfica más sensible. Si, tomando una foto, de repente recuerdas que ya habías tomado una foto en la misma placa, no esperarías el resultado perfecto de ninguna de las dos imágenes.

Por otra parte, puede que hayas tomado dos fotografías en la misma placa inconscientemente. Cuando la placa se revela, y la imagen aparece en el mundo físico, no condenas al principio de la fotografía, ni te quedas desconcertado al ver que tu fotografía se ha revelado de esa forma insatisfactoria. No sientes que es imposible que puedas obtener una imagen buena y clara del sujeto en cuestión. Sabes que puedes conseguirlo

"Cuando
sigues este método,
puedes estar seguro de
obtener un resultado
satisfactorio. Si procedes de la
misma forma con tu imagen
mental, haciendo tu parte con
un estado mental confiado,
el resultado será igualmente
perfecto."

simplemente empezado por el principio, poniendo una nueva placa, e intentando ser más cuidadoso a la hora de tomar la fotografía la próxima vez. Cuando sigues este método, puedes estar seguro de obtener un resultado satisfactorio. Si procedes de la misma forma con tu imagen mental, haciendo tu parte con un estado mental confiado, el resultado será igualmente perfecto.

Las leyes de visualización son tan infalibles como las leyes que gobiernan la fotografía. De hecho, la fotografía es el resultado de la visualización. De nuevo, tus resultados a la ahora de visualizar y tus deseos, pueden ser imperfectos o retrasarse a causa del mal uso de este poder, debido al pensamiento de que el cumplimiento de tu deseo es contingente de ciertas personas o condiciones. El principio creador no es en ningún caso dependiente de ninguna persona, lugar o cosa. No tiene pasado ni conoce ningún futuro.

La ley dice que el principio creador de la vida es: "el aquí universal y el ahora eterno". Crea sus propios vehículos a través de los cuales opera. Por lo tanto, la experiencia pasada no tiene influencia sobre tu imagen en el presente. Así que no intentes obtener tu deseo a través de un canal que puede no ser natural para ello, incluso aunque te parezca razonable. Tu sentimiento debería ser que la cosa, o la conciencia que deseas con toda tus fuerzas, es normal y natural, una parte de ti, una forma de tu evolución. Si puedes conseguir esto, no existe poder que pueda impedirte disfrutar de la realización de la imagen que estás manteniendo, o de cualquier otra.

Expresiones de principiantes

Cientos de personas se han dado cuenta de que "visualizar es como tener la lámpara de Aladino para quien tenga una poderosa voluntad". El general Foch dice que se sentía tan indignado durante la guerra Franco Prusiana de 1870 que se visualizó liderando una armada Francesa contra los alemanes hasta llevarlos a la victoria. Dijo que se lo había imaginado así, se había fumado su pipa y había esperado. Este es uno de los resultados de visualizar que conocemos.

En el invierno pasado una actriz muy famosa escribió un gran artículo en uno de los periódicos más populares, en el cual describía cómo consiguió deshacerse del sobrepeso y la grasa corporal excesiva de su cuerpo simplemente imaginándose su figura constantemente tal y como ella quería que fuera.

"Cientos
de personas se han
dado cuenta de que
'visualizar es como tener
la lámpara de Aladino para
quien tenga una poderosa
voluntad'."

Mientras estaba dando unas conferencias en Nueva York, recibí una carta muy interesante de la mujer de un doctor. Ella comenzó mostrando su deseo de que nunca dejara de dar mis conferencias sobre visualización, ayudando a la humanidad a darse cuenta del maravilloso poder que poseía para materializar sus deseos. Contándome sus experiencias personales, ella me decía que había nacido en el este de Nueva York, en el barrio más pobre. Desde su más temprana infancia siempre había tenido el sueño de poder casarse algún día con un médico. Este sueño de forma gradual, formó una imagen estática en su mente. El primer trabajo que obtuvo fue como cuidadora de niños en la familia de un médico.

Tras terminar ese trabajo, entró en la familia de otro doctor. La mujer de su jefe falleció y el médico acabo casándose con ella, dando así el resultado del gran anhelo que había imaginado durante tanto tiempo. Después de eso, ella y su marido, concibieron la idea de tener una granja agrícola en el sur. Ellos formaron la imagen mental de la idea y pusieron toda la fe posible para que se hiciera realidad. La carta que me envió provenía de su granja del sur. La mujer del doctor me escribió mientras estaba allí. Su segunda imagen mental había visto la luz de la materialización.

Todos los días me llegan cartas similares. El siguiente es un caso que apareció en el New York Herald en el último mes de Mayo:

> «Atlantic City, 5 de Mayo.
>
> Ella era una mujer de edad avanzada, y cuando fue llamada a estar delante del juez Clarence Goldenberg en el tribunal de la policía, estaba tan débil y cansada que apenas se podía sostener en pie. El juez preguntó al tribunal de la policía cual era el cago por el que se la acusaba. "De robar una botella de leche, señoría", contestó el oficial. "Ella la cogió de la entrada de una casa antes de que esta mañana amaneciera". "¿Por qué hiciste eso?". El juez preguntó a la anciana. "Tenía hambre", Dijo ella. "No tenía ni un céntimo y no tenía ninguna manera de poder comer algo, excepto robándolo. No pensé que a nadie le pudiera importar si cogía una botella de leche". "¿Cómo te llamas?", preguntó el juez. "Weinberg", dijo la anciana, "Elizabeth Weinberg". El juez Goldenberg le preguntó

alguna cosas más sobre su vida. Y entonces dijo:

"Bueno usted ahora no posee mucho dinero, pero ya no volverás a ser pobre. Te he estado buscando durante meses. Tengo 500 dólares que le pertenecen de una herencia de un familiar. Y yo soy el albacea de los bienes.»

El juez Goldenberg pagó la multa de la anciana de su propio bolsillo, y entonces la acompaño hasta su oficina, donde le dio su herencia correspondiente y ordenó a un oficial que la ayudara a conseguir un alojamiento.

Después llegué a saber que aquella mujer anciana había estado mentalmente deseando e imaginándose 500 dólares, aunque todo el tiempo estuvo ignorando de qué forma podrían llegar a ella. Pero aun así mantuvo su visión y la fortaleció con su fe.

En una publicación reciente de *Good Housekeeping* había un artículo escrito por Addinton Bruce, el cual se titulaba "Reforzando tu columna mental". Es muy instructivo, y beneficiaria a cualquiera que lo leyera. En una parte, dice: "Formar el hábito de dedicar unos pocos momentos cada día a pensar sobre tu trabajo en grande, de una forma extensa e imaginativa, es una necesidad vital para ti y un gran servicio de utilidad para la sociedad"

Huntington, el gran magnate ferroviario, antes de que empezara a construir las vías de costa a costa, dijo que ya había hecho cientos de viajes por la línea ferroviaria antes de que existiera. Se dice que se sentaba durante horas frente a un mapa de los Estados Unidos, y viajaba mentalmente de costa a costa exactamente de la misma manera que lo hacemos ahora en su imagen mental hecha realidad. Podría llamar tu atención con cientos de casos similares.

El mejor método de imaginarte lo que deseas es igualmente simple y agradable, siempre que entiendas lo suficientemente bien el principio que se esconde detrás y creas en él. Antes de nada y por encima de todo, asegúrate de qué es lo que realmente quieres. Entonces, enfoca tu deseo en esa misma dirección.

"El mejor
método de imaginarte
lo que deseas es
igualmente simple y agradable,
siempre que entiendas
lo suficientemente bien
el principio que se
esconde detrás y
creas en él."

Sugerencias para crear tu imagen mental

Tal vez desees sentir que has vivido con algún propósito. Quieres estar satisfecho y feliz, y sientes que con una buena salud y con un negocio de éxito podrías disfrutar de ese estado mental. Después de que hayas decidido de una vez por todas qué es lo que quieres, comienza a imaginarte sano, e imagina tu exitoso negocio tan grande como lo puedas llegar a concebir.

El mejor momento para definir tu imagen mental es nada más levantarte y antes de irte a dormir por la noche. Puesto que es necesario darte a ti mismo una gran cantidad de tiempo, puede ser necesario que te tengas que levantar antes de lo que lo haces habitualmente. Dirígete a una habitación en la cual no puedas ser distraído, medita por unos momentos sobre el funcionamiento práctico de la visualización, y pregúntate: "¿Cómo comenzaron a existir las cosas que me rodean? ¿Cuánto podría ayudarme el entrar en contacto más rápidamente con el suministro invisible?".

A alguien se le ocurrió que la comodidad podría expresarse y experimentarse mejor si la persona estuviera sentada en una silla en lugar de estar en el suelo. En los comienzos de la meditación, la silla, era el deseo para estar cómodo. A raíz de esto se creó la imagen de una especie de silla. El mismo principio se le aplica al sombrero o a la ropa que vistes. Introdúcete cuidadosamente en esta idea del principio detrás del objeto. Establécela como una experiencia personal; conviértelo en un hecho para tu conciencia.

Si eres constante haciendo esto, te encontrarás en la profunda conciencia que está debajo de la superficie de tu propio poder de pensamiento. Entonces, abre la ventana, respira profundamente diez veces, y en ese momento dibuja un gran círculo imaginario de luz a tu alrededor. Mientras inspiras el aire (manteniéndote en el centro del círculo de luz) imagina los rayos de luz que salen del círculo y entran en ti por todos los puntos de tu cuerpo, centralizándose en tu plexo solar.

"El mejor
momento para
definir tu imagen mental
es nada más levantarte
y antes de irte a dormir
por la noche."

"Si eres
constante haciendo
esto, te encontrarás
en la profunda
conciencia que está debajo
de la superficie de tu
propio poder de
pensamiento."

Aguanta la respiración por unos momentos en esta luz central de tu cuerpo (El plexo solar) y lentamente espira. Conforme hagas esto mentalmente, imagina rayos, o chorros de luz, subiendo hacia arriba por el cuerpo y bajando hasta los pies. Cubre mentalmente todo tu cuerpo con esta luz imaginaria. Cuando hayas finalizado el ejercicio de la respiración, siéntate en una silla cómoda y date cuenta de que solo hay una vida, una sustancia, y esa sustancia de vida del universo está encontrando el placer reconociéndose en ti. Repite algunas de las afirmaciones de este tipo hasta que sientas la verdad y la realidad de las palabras que estás afirmando. Entonces, comienza a crear tu imagen.

Ya sea tu deseo un estado de conciencia o una posesión, pequeña o grande, comienza desde el principio. Si quieres una casa, empieza a verte a ti mismo en el tipo de casa que deseas. Obsérvala entera, prestando atención a las habitaciones, la ubicación de las ventanas, así como otros detalles que te ayuden a sentir la realidad de tu concepto.

Puede que cambies algunos de los muebles y mires en algunos de los espejos simplemente para ver lo sano, rico y feliz que te ves. Vuelve a imaginar la escena una y otra vez hasta que sientas que sea real, entonces escríbelo tal y como lo has visto, con el sentimiento de que; "Lo mejor que existe, es mío. No existe límite para mí, porque mi mente es un centro de operación divino", y tu imagen visualizada puede convertirse en una realidad tan cierta en el mundo físico, como que el sol brilla.

"Ya sea
tu deseo un
estado de conciencia
o una posesión, pequeña
o grande, comienza desde el
principio. Si quieres una casa,
empieza a verte a ti mismo
en el tipo de casa
que deseas."

Cosas que tienes que recordar

A la hora de usar el poder de tu pensamiento para la producción de nuevas condiciones:

1. Asegúrate de saber qué condiciones deseas producir. Luego piensa cuidadosamente en las consecuencias que llegarán cuando tu deseo se cumpla.

2. Dejando a tu pensamiento establecido en una imagen mental, estás concentrando el poder creativo hacia ese centro, donde todas las fuerzas están equilibradas por igual.

3. Visualizar lleva a tu mente objetiva a un estado de equilibrio que te permite dirigir conscientemente el flujo del espíritu hacia un

reconocido y definido propósito, y además, guiar cuidadosamente a tu pensamiento para que no fluya en dirección opuesta.

4. Debes tener siempre en cuenta que estas tratando con una maravillosa energía potencial –que todavía no está definida en ningún molde particular, y que por la acción de tu mente tú puedes enfocarla en cualquier molde específico que desees. Tu imagen te ayuda a mantener tu mente enfocada en el lugar en el que esa energía creativa toma forma. Con tu imagen mental también estás determinando la dirección a la que quieres que el poder sensible creativo vaya, y haciendo esto la manifestación de tu imagen se convierte en una certeza.

5. Recuerda que cuando estás visualizando de la manera adecuada tus pensamientos no deben de esforzarse enérgicamente para mantener la forma de las ideas en el sitio correcto. El esfuerzo tenso evita tu propósito, y sugiere la conciencia de una fuerza adversa contra la que luchar, por lo

"Con tu imagen
mental también estás
determinando la dirección
a la que quieres que el poder
sensible creativo vaya, y haciendo
esto la manifestación de tu
imagen se convierte
en una certeza."

"Lo que tú
realmente quieres es
una expansión en una dirección
determinada, ya sea de salud, riqueza,
o cualquier cosa, y mientras lo consiges
(cosa que harás, si mantienes tu
imagen con confianza) qué importa si
te alcanza a través de un canal con el
que pensabas que podías contar,
o a través de alguno de cuya
existencia desconocías."

que esto crea condiciones adversas para tu imagen.

6. Manteniendo tu imagen en un estado mental positivo, dejas fuera a todos los pensamientos que podrían dispersar el núcleo espiritual de tu imagen. Como la ley es creativa en su acción, tu imagen deseada se cumplirá con certeza.

7. La séptima e importante cosa que recordar a la hora de visualizar es que estás creando una imagen mental con el propósito de determinar la cualidad que le estás dando a la sustancia y la energía previamente indiferenciadas, en lugar de organizar las circunstancias específicas para su manifestación. Ese es el objetivo del propio poder creador. Él mismo construirá sus propias formas de expresión de forma natural, si tu voluntad lo permite, y te ahorrará una gran cantidad de ansiedad innecesaria. Lo que tú realmente quieres es una expansión en una dirección determinada, ya sea de salud, riqueza, o cualquier cosa, y mientras lo consiges (cosa que harás, si

mantienes tu imagen con confianza) qué importa si te alcanza a través de un canal con el que pensabas que podías contar, o a través de alguno de cuya existencia desconocías. Estás concentrando energía de un tipo particular para un propósito concreto. Mantén esto en tu mente y deja que los detalles específicos se cuiden de ellos mismos, y nunca menciones tu intención a nadie.

Recuerda siempre que la naturaleza desde su superficie claramente visible hasta su profundidad más oscura es un gran almacén de luz y de bien totalmente dedicados a tu uso individual. Tu unidad consciente con el gran Todo es el secreto del éxito, y cuando hayas entendido esto, podrás disfrutar tu posesión del todo o una parte de él a tu voluntad, porque debido a tu reconocimiento lo has hecho tuyo, y puedes hacerlo cada vez más tuyo.

Nunca olvides que cada objeto físico, ya esté a favor de ti o en contra, ha sido un pensamiento sostenido antes de convertirse en cosa.

"Nunca
olvides que
cada objeto físico,
ya esté a favor de ti
o en contra, ha sido un
pensamiento sostenido
antes de convertirse
en cosa."

El pensamiento como pensamiento no es ni bueno ni malo, es acción creativa y siempre toma forma física.

Por lo tanto, los pensamientos que mantienes se convierten en las cosas que posees o que no posees.

Por qué escogí el estudio de la ciencia mental

He sido cuestionada con frecuencia sobre las razones por las que decidí estudiar la ciencia mental, y por los resultados de mis investigaciones, no solo en cuanto a los conocimientos de los principios, sino también en la aplicación de ese conocimiento para el desarrollo de mi propia vida y experiencia.

Estas preguntas son justificadas porque alguien que realiza el trabajo de mensajero y profesor de las verdades psicológicas solo puede ser efectivo y convincente si él o ella las ha comprobado en el laboratorio de la experiencia mental. Esto es particularmente cierto en mi caso concreto, ya que fui la única alumna personal de Thomas Troward, el gran maestro de la ciencia mental, cuyas enseñanzas se basan en la relación de la mente individual con la mente creadora universal, que es quien da la vida, y la forma en la que esa relación puede ser invocada para asegurar una expansión y una expresión total de la vida individual.

El impulso principal que me llevó al estudio de la ciencia mental fue una inmensa sensación de soledad. En toda vida en ocasiones aparecen esas sensaciones y experiencias de aislamiento espiritual, y en mi caso así fue. A pesar de que cada día me encontraba con amigos, que me rodeaban de júbilo y alegría, permanecía en mí el sentimiento de estar sola en el mundo. Había sido viuda durante tres años, vagando de país en país, buscando la paz mental.

Las circunstancias y el entorno de mi vida eran tales que mis amigos me miraban como a una mujer joven inusualmente afortunada. Aunque reconocían que había soportado una gran pérdida cuando mi marido murió, ellos sabían que él me había dejado en una buena situación, con la libertad de poder ir a donde quisiera por placer, y teniendo muchos amigos. Sin embargo, si mis amigos pudieran haber penetrado en mis emociones más profundas, habrían encontrado un profundo sentido de vacío y aislamiento. Este sentimiento estimuló un espíritu de inquietud que me llevaba sin fruto alguno a una búsqueda por el exterior que más tarde comprendí que solo podía ser obtenida desde el interior.

Estudié la ciencia cristiana, pero no obtuve ningún consuelo de ello, aunque me di cuenta del gran trabajo que los científicos estaban haciendo, e incluso tuve el placer y el privilegio de conocer a Mrs. Eddy personalmente. Pero me resultaba imposible aceptar las enseñanzas fundamentales de la ciencia cristiana y hacer una aplicación práctica de ellas.

Cuando estaba a punto de abandonar la búsqueda y resignarme a retomar mi vida de aparente alegría, un amigo me invitó a visitar al gran visionario y maestro, Abdul Baha. Después de reunirme con este extraordinario hombre, mi búsqueda por la realización empezó a cambiar. Me había dicho que viajaría por todo el mundo buscando la verdad, y que cuando la hubiera encontrado la pronunciaría. Parecía imposible que la afirmación de este gran visionario pudiera cumplirse. Pero llevaba con ella una gran cantidad de ánimo, y por lo menos me indicó que mi búsqueda había ido en la dirección equivocada. Comencé de una forma endeble y débil a buscar satisfacción dentro de mí, porque él me había dado a entender que debía encontrar la verdad. Eso era lo más importante, y prácticamente la única cosa que recuerdo de nuestra reunión.

Unos días más tarde, cuando visitaba la oficina de un practicante del Nuevo Pensamiento, me llamó la atención un libro que vi en su mesa que se titulaba "Las conferencias de Edimburgo sobre ciencia mental", de Thomas Troward. Me interesó el hecho de que Troward era un juez retirado del Punjab, en La India. Compré el libro pensando que lo leería esa misma tarde. Muchos han intentado hacer lo mismo, solo para observar, que el libro debe ser estudiado para poder llegar a comprenderlo, y cientos de personas, como yo hice, decidieron dedicarle toda la atención.

Después de haber encontrado este libro, que era todo un tesoro, fui al campo durante unos días, y mientras estuve allí, estudié el libro lo mejor que pude. Parecía extremadamente difícil, y decidí comprar otro libro de Troward, con la esperanza de que el estudio no requiriera tanto esfuerzo. Al preguntar, me hablaron de un volumen; "Las conferencias de Dore", era el libro más sencillo de los dos, y el mejor. Me di cuenta que también debía de ser estudiado. Me llevó semanas y meses llegar a una vaga idea del significado del primer capítulo de Dore, que se titulaba; "Entrando en el espíritu de ello". Quiero decir con esto que tardé

"Mi mente
es un centro de operación
divina. La operación divina es
siempre expansión y expresión
completa, y esto significa la
producción de algo que va
más allá de lo que nunca
ha existido."

meses en entrar en el espíritu de lo que estaba leyendo.

Mientras tanto un párrafo de la página 26 captó toda mi atención, me pareció que era lo más grande que nunca había leído. Lo memoricé y me esforcé con toda mi alma para entrar en el espíritu de las palabras de Troward. El párrafo dice: "Mi mente es un centro de operación divina. La operación divina es siempre expansión y expresión completa, y esto significa la producción de algo que va más allá de lo que nunca ha existido, algo enteramente nuevo, sin incluir en la experiencia pasada, aunque procediendo de ella a través de una secuencia ordenada de crecimiento. Por lo tanto, puesto que lo divino no puede cambiar su naturaleza inherente, debe operar de la misma forma en mí; en consecuencia, en mi mundo especial propio, del cual soy el centro, avanzará para producir nuevas condiciones, siempre por delante de cualquiera que haya existido antes."

Me supuso un esfuerzo por mi parte memorizar este párrafo, pero en el esfuerzo hacia esa finalidad las palabras parecían llevar un cierto estímulo con ellas. Cada vez que repetía el párrafo era más fácil para mí poder entrar en su espíritu. Las palabras expresaban lo que exactamente yo había estado buscando. Mi deseo era encontrar la paz mental. Encontré reconfortante creer que la operación divina que se hallaba en mí podía expandirse hacia una expresión más completa y producir más y mayor satisfacción – de hecho, gozaba de un estado de paz mental que nunca antes había conocido. El párrafo me inspiró un profundo interés por sentir que la chispa de la vida podía traer a mi algo completamente nuevo. No deseaba olvidar mis experiencias del pasado, como exactamente había dicho Troward. La operación divina no excluiría mis experiencias pasadas, pero continuar sin pensar en ellas me traería algo nuevo que trascendería cualquier cosa que hubiera experimentado antes.

La meditación sobre esas afirmaciones trajo consigo un cierto sentimiento de alegría. Qué maravilloso sería si pudiera aceptar y creer, más allá de toda duda, que esa afirmación de Troward era verdad. Por supuesto que lo divino no podía cambiar su naturaleza inherente, y puesto que la vida divina está funcionando dentro de mí, debo estar compuesta por algo divino, y lo divino en mí debe operar de igual manera en la que opera sobre el plano universal del mundo. Esto significaba que todo

"Lo divino no
podía cambiar su
naturaleza inherente, y
puesto que la vida divina está
funcionando dentro de mí, debo
estar compuesta por algo divino,
y lo divino en mí debe operar de
igual manera en la que opera
sobre el plano universal
del mundo."

mi mundo de circunstancias, amigos y condiciones acabaría en última instancia convirtiéndose en un mundo satisfactorio y de alegría en el cual "yo soy el centro". Y esto ocurriría en cuanto yo fuera capaz de controlar mi mente, y por lo tanto, proporcionar un centro concreto alrededor de cual las energías divinas pudieran fluir.

Indudablemente merecía la pena intentarlo. Si Troward había encontrado esta verdad, ¿Por qué no iba a hacerlo yo? La idea hizo que me enfocara en la tarea. Más adelante acordé estudiar con el hombre que se había dado cuenta y había ofrecido al mundo esta gran afirmación. Me había sacado de mi estado de desánimo. La dificultad más inmediata era que necesitaba más recursos económicos.

CAPÍTULO 9

Cómo conseguí atraer a mí veinte mil dólares

En el laboratorio de la experiencia en el que mi nueva revelación relacionada con la operación divina debía ser comprobada, el primer problema era el financiero. Mis ingresos estaban estipulados, y eran lo suficiente como para cubrir mis necesidades diarias, pero no parecían ser suficientes para permitirme viajar cómodamente a Inglaterra, donde vivía Troward, y permanecer allí durante un periodo de tiempo indefinido para estudiar con el gran maestro. Antes de informarme de si Troward aceptaba tener alumnos, y si en caso afirmativo, yo pudiera ser elegida, empecé a utilizar el parrado que había memorizado. Todos los días, de hecho, casi cada hora, las palabras estaban en mi mente: "Mi mente es un centro de operación divina, y la operación divina significa expansión hacia algo mejor de lo que ha existido".

En el libro de las conferencias de Edimburgo había leído algo sobre la ley de la atracción y con el capítulo de "Causas y condiciones" había obtenido una vaga idea de lo que era la visualización. Por lo tanto, cada noche, antes de ir a dormir, cree una imagen mental de esos deseados 20.000 dólares. Veinte billetes de 1.000 dólares fueron contados cada noche en mi habitación, y entonces, para impresionar más enfáticamente a mi mente con el hecho de que este dinero era para el propósito de ir a Inglaterra a estudiar con Troward, escribía lo que visualizaba, me veía a mí misma comprando el billete para el barco a vapor, y paseando por la cubierta desde Nueva York hasta Inglaterra, y finalmente, me veía a mí misma aceptada como alumna de Troward.

Repetía este proceso cada mañana y cada noche, siempre entendiendo más y más en mi mente la afirmación de Troward que había memorizado: "Mi mente es un centro de operación divina". Me esforcé para mantener esta afirmación en la parte más profunda de mi conciencia sin tener que pensar en cómo iba a obtener el dinero. Probablemente la razón por la que no pensaba en las formas de poder conseguir el dinero, era

"Simplemente
me mantuve con un
pensamiento constante y
dejé que el poder de la
atracción buscara la
forma y los
medios."

“Mi mente
aceptó esta idea,
e inmediatamente toda
la tensión de la mente
y el cuerpo
desapareció.”

porque no podía imaginar de dónde podrían llegar mis 20.000 dólares. Por lo tanto, simplemente me mantuve con un pensamiento constante y dejé que el poder de la atracción buscara la forma y los medios.

Un día mientras paseaba por la calle, haciendo mis ejercicios de respiración, me vino un pensamiento repentino: "Mi mente indudablemente es un centro de operación divina. Si Dios ocupa todo el espacio, entonces Dios también debe existir en mi mente. Si quiero el dinero para estudiar con Troward, con quien tal vez pueda conocer la verdad de la vida, entonces ambos, el dinero y la verdad deben ser míos, aunque no pueda ver o sentir la manifestación física de ellos todavía", declaré. "Deben ser míos".

Mientras que estas reflexiones todavía seguían en mi mente, un pensamiento pareció surgir de mi interior: "Yo soy toda la sustancia que existe". Entonces, desde otro canal de mi mente pareció surgir una respuesta, "Por supuesto que es así; todo tiene que tener su inicio en la mente. El "yo", la idea, debe ser la única y primera sustancia que existe, y esto significa dinero, así como todo lo demás". Mi mente aceptó esta idea, e inmediatamente toda la tensión de la mente y el cuerpo desapareció.

Sentía la sensación de tener la absoluta certeza de estar en contacto con todo el poder que la vida tiene para ofrecer. Todos los pensamientos sobre el dinero, el maestro, o incluso mi propia personalidad, se desvanecieron frente a la gran ola de alegría que recorría todo mi cuerpo. Continúe con esta sensación de alegría expandiéndola e incrementándola constantemente hasta que todo lo que me rodeaba parecía radiar con una luz que resplandecía. Hacía iluminar a cada persona junto a la que pasaba. Toda la conciencia de la personalidad había desaparecido, y en su lugar había llegado esa gran y casi inmensa sensación de alegría y satisfacción.

Esa noche, cuando visualice mi imagen de los 20.000 dólares, lo hice desde una perspectiva totalmente distinta. En las veces anteriores, cuando creaba mi imagen mental, había sentido que algo estaba despertando en mi interior. Esta vez no había ninguna sensación de esfuerzo. Simplemente conté los 20.000 dólares. Entonces,

“Sentía
la sensación
de tener la absoluta
certeza de estar en
contacto con todo el
poder que la vida tiene
para ofrecer.”

de una manera todavía más inesperada, desde un medio del cual no tenía ninguna conciencia en ese mismo momento, pareció abrirse el camino a través del cual existía la posibilidad de que el dinero me pudiera llegar.

Al principio me costó mucho esfuerzo no emocionarme. El poder estar en contacto con la fuente de suministro, me parecía glorioso y maravilloso. Pero, ¿no había advertido Troward a sus lectores que evitaran toda excitación de sus mentes cuando se dieran cuenta por primera vez que estaban en unión con el suministro infinito, y que afrontaran este hecho como algo perfectamente natural que se había alcanzado a través de nuestra demanda? Esto era más difícil para mí de lo que había sido contener el pensamiento de que "Yo soy toda la sustancia que existe; Yo (idea) soy el principio de todas las formas, visibles o invisibles".

Tan rápido como aparecía una circunstancia que indicara la dirección a través de la que los 20.000 dólares pudieran venir, no solo hacia el esfuerzo supremo por observar detenidamente la dirección como el primer brote de semilla que había sembrado en lo absoluto, sino que no dejaba por mi parte ningún camino por explorar en esa dirección. Haciendo esto una circunstancia parecía llevar hasta otra de forma natural, hasta que, paso a paso, conseguí mis deseados 20.000 dólares. El mayor esfuerzo fue mantener mi mente calmada y sin excitación alguna.

Este primer fruto concreto de mi estudio de la ciencia mental tal y como se exponía en el libro de Troward, había llegado gracias al cuidadoso seguimiento de los métodos que él había subrayado. Por lo tanto, lo mejor que le puedo ofrecer al lector es la cita del libro de Troward, "Las conferencias de Edimburgo", del cual se puede obtener una idea completa de la línea de acción que yo estaba esforzándome en seguir. En el capítulo "Causas y condiciones" dice: "Para obtener buenos resultados debemos entender adecuadamente nuestra relación con el gran poder impersonal que estamos usando". Él es inteligente, y nosotros somos inteligentes, y las dos inteligencias deben cooperar.

No debemos plantarnos delante de la Ley y esperar que ella haga por nosotros lo que sólo se puede hacer a través de nosotros; y por lo

"No debemos plantarnos delante de la Ley y esperar que ella haga por nosotros lo que sólo se puede hacer a través de nosotros."

tanto, debemos usar nuestra inteligencia con el entendimiento de que está actuando como instrumento de una inteligencia superior; y puesto que tenemos ese conocimiento, deberíamos evitar toda la ansiedad ante el resultado final.

En la práctica real, debemos primero formar la concepción ideal de nuestro objetivo con la definida intención de grabarlo sobre la mente universal. – Es este pensamiento el que hace que ese tipo de pensamiento salga de la región de las meras casualidades –y por lo tanto, afirmar que nuestro conocimiento de la ley es suficiente razón para tener una reacción calmada ante el resultado correspondiente, y que en consecuencia, todas las condiciones necesarias se nos presentarán en el orden correcto. Entonces, podemos dedicarnos a los asuntos de nuestra vida diaria con la tranquila seguridad de que las condiciones o ya están ahí o pronto aparecerán a la vista. Si no las vemos de inmediato, debemos estar contentos con la idea de que el prototipo espiritual ya existe y esperar a que alguna circunstancia apuntando en la dirección deseada comience a aparecer por sí misma.

Puede que se trate de una circunstancia muy pequeña, pero es la dirección y no la magnitud lo que tenemos que tener en cuenta. Tan pronto como la veamos, deberíamos observarla como el primer brote de semilla sembrado en lo absoluto, y actuar con calma, sin excitación, independientemente de lo que la circunstancia exija. Por lo que más adelante, deberíamos observar que actuar así nos llevará hacia otra circunstancia en la misma dirección, hasta que nos encontremos a nosotros mismos conectados, paso a paso, con la materialización de nuestro objetivo.

De esta manera, entender el gran principio de la Ley Suministradora a través de las repetidas experiencias, nos llevará de una forma más efectiva a estar fuera de la zona de los pensamientos ansiosos y de nuestros esfuerzos inservibles, nos llevará a un nuevo mundo donde la aplicación útil de todos nuestros poderes, ya sean mentales o físicos, serán el despliegue de nuestra individualidad de acuerdo con la propia naturaleza, y por lo tanto, una fuente perpetua de salud y felicidad; indudablemente, un incentivo suficiente para el detenido estudio de las leyes

"Entender
el gran principio de la
Ley Suministradora a través de
las repetidas experiencias, nos
llevará de una manera más
efectiva a estar fuera de la
zona de los pensamientos
ansiosos y de nuestros
esfuerzos inservibles."

que gobiernan la relación entre el individuo y la mente universal.

Para mí, entonces y ahora, esta cita destaca el núcleo y el centro del método, así como también el enfoque necesario para entrar en contacto con el suministro infinito. Al menos, junto a la ya mencionada afirmación, "Mi mente es el centro de la operación divina", etcétera..., constituía el único medio aparente de poder atraer a mí los 20.000 dólares. Mi esfuerzo constante por entrar en el espíritu de estas afirmaciones, y para atraer a mí la necesitada suma, permaneció durante seis semanas. Después de esas semanas tenía en mi banco los 20.000 dólares que necesitaba. Podía haber hecho de esto una larga historia, dando todos los detalles, pero los hechos ya narrados, te darán la idea definida de la condición magnética de mi mente mientras los 20.000 dólares encontraban el camino para llegar a mí.

Cómo me convertí en la única alumna personal del científico mental más importante

Tan pronto como la idea de estudiar con Troward vino a mí, le pedí a un amigo que le escribiera en mi lugar, ya que sentía que quizá él podría exponer mi deseo de manera más efectiva o en unos términos más persuasivos de los que yo podría emplear. Ninguna de las cartas que mi amigo envió fue respondida. Esto era tan desalentador que hubiera abandonado la idea de convertirme en la alumna de Troward, si no hubiera sido por la experiencia que había tenido ese día en la calle, cuando todo mi mundo se iluminó, y recordé la promesa "Creed que habéis recibido todas las cosas que deseáis, y las recibiréis".

Teniendo presente esta experiencia, preparé mi viaje a Inglaterra, a pesar de que aparentemente mis cartas habían sido ignoradas. Sin embargo, volvimos a escribir y finalmente recibimos una

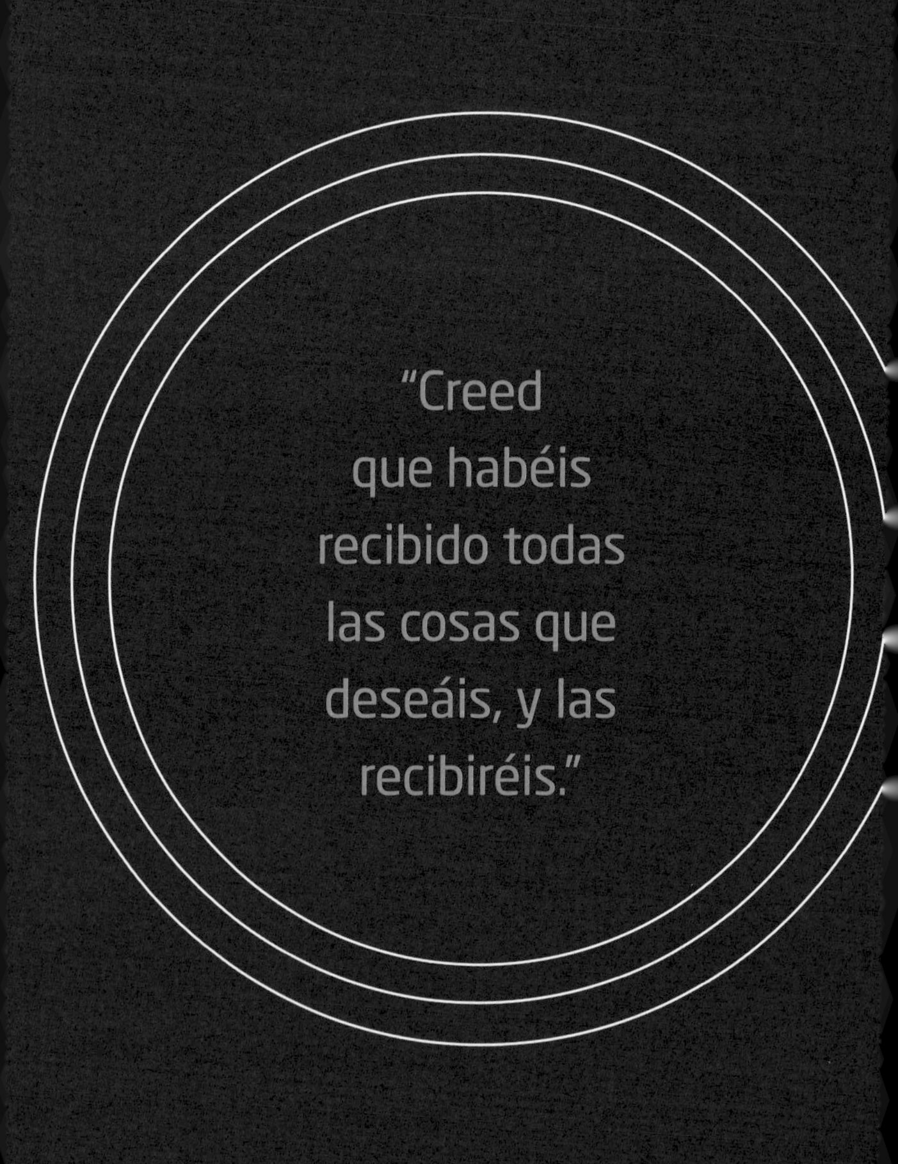
"Creed
que habéis
recibido todas
las cosas que
deseáis, y las
recibiréis."

respuesta muy formal, que interpreté de manera positiva. Troward no aceptaba alumnos; no tenía tiempo para dedicar a un alumno. A pesar de esta decisión definitiva, me negué a desanimarme, gracias al recuerdo de aquel día en el que vino a mi la luz y el pensamiento "yo soy toda la sustancia que existe". Al parecer, podía volver a revivir esa experiencia a voluntad, y con ella llegaba siempre una oleada de valor y energía renovada. Viajamos a Londres y desde allí telegrafiamos a Troward, pidiéndole una entrevista. El telegrama fue respondido inmediatamente y en él fijaba la fecha en la que podría recibirnos.

En aquella época Troward estaba viviendo en Ruan Menor, un lugar a las afueras del sur de Inglaterra, a unas veinte millas de la estación de ferrocarril. No pudimos encontrarlo en el mapa, pero la Cook's Touring Agency localizó el lugar para nosotros, aunque con ciertas dificultades. Mi mente especulaba sobre lo que Troward me diría en la entrevista. Siempre había mantenido en mí la sensación de que la verdad era mía; y también de que crecería y se expandiría en mi conciencia hasta que la paz y la satisfacción fueran manifestaciones tanto externas como internas de mi vida individual.

Llegamos a la casa de Troward durante una gran tormenta y fuimos cordialmente recibidos por él mismo en persona, quien, a mi sorpresa, parecía ser más un francés que un inglés (más tarde me enteré de que era descendiente de los hugonotes). Era un hombre de estatura mediana, con una cabeza grande, una gran nariz y unos ojos que danzaban con alegría. Después de que nos hubiera presentado a los otros miembros de la familia y nos dieran una taza de té, fuimos invitados a la sala de estar, donde Troward, nos habló de todo con mucha cercanía, excepto de mi propuesta de que fuera mi maestro. Parecía imposible hacerle hablar sobre ese tema.

Sin embargo, justo antes de irnos, le pregunté con atrevimiento: “¿Por qué no reconsidera la decisión de aceptar a una alumna? Me gustaría mucho estudiar con usted”, a lo que él respondió con gran indiferencia, que no sentía que pudiera dedicar el tiempo que una alumna personal requería, pero que estaría encantado de darme los nombres de dos o tres libros que tenía la sensación de que me resultarían no solo interesantes, sino instructivos. Dijo que se sentía halagado y agradecido de que hubiera viajado desde los Estados Unidos para estudiar con él, y mientras íbamos desde la puerta de su casa hacia el automóvil, sus formas fueron menos indiferentes, un sentimiento de empatía pareció tocarle el corazón y se volvió hacia a mí para decirme: "Puedes escribirme, si quieres, cuando llegues a París, y es posible, si tengo tiempo en otoño, que podamos organizar algo, aunque ahora no parezca posible."

No perdí el tiempo ante la amable invitación de escribirle. Todas mis cartas fueron respondidas rápidamente y con gran cortesía, pero nunca hubo una palabra que me animara respecto a mi propuesta de estudiar con él. Finalmente, dos meses más tarde, llegó una carta que contenía la siguiente pregunta: "¿Qué crees que significa este versículo en el capítulo 21 del Apocalipsis?".

> **"16. Y la ciudad yace de forma cuadrada, y su longitud es igual a su anchura; y el midió la ciudad con la caña, doce mil estadios: la largura y la altura y la anchura de ella son iguales."**

De manera instintiva supe que mi oportunidad de estudiar con Troward dependía de darle la respuesta correcta a la pregunta. La definición del versículo parecía estar lejos de mi alcance. Naturalmente, me llegaban respuestas a la mente, pero yo sabía por intuición que ninguna de ellas era la correcta. Empecé a preguntarles a mis amigos y conocidos eruditos la misma cuestión. Abogados, doctores, curas, monjas y clérigos de todo el mundo, recibieron una carta mía conteniendo la pregunta. Más tarde, comenzaron a llegarme las respuestas, pero la intuición me seguía diciendo que ninguna de ellas era la correcta. Mientras tanto me esforzaba en encontrar la respuesta por mí misma, pero no parecía poder obtenerla. Memoricé el verso para que pudiera meditar sobre él.

Empecé a buscar los libros que Troward me había recomendado en París, y después de dos o tres días buscando, cruzamos el río Sena hasta la Isla de la Cité para entrar en algunas de las antiguas librerías. Los libros estaban agotados, y aquellos lugares eran el mejor sitio para poder encontrarlos. Finalmente, visitamos una pequeña librería que tenía los libros allí. Eran las últimas copias disponibles, y en consecuencia, el precio era elevado. Mientras protestaba al empleado, mi mirada se posó sobre una obra de un astrólogo, la cual cogí y pregunté con una sonrisa: "¿Cree usted que el profesor leería mi horóscopo?". El hombre se horrorizó ante tal pregunta y respondió: "¿Qué?, no, Madame, Ese es uno de los astrólogos más importantes de Francia. Él no lee horóscopos."

A pesar de la respuesta, surgió en mi interior un impulso persistente por querer ir a visitar al astrólogo. La amiga que me había acompañado a encontrar los libros protestó e intento convencerme para que me olvidara de la idea de ir a buscar al famoso hombre, pero insistí, y finalmente me acompañó. Cuando llegamos a su oficina, me pareció embarazoso preguntarle para que me leyera mi horóscopo. Sin embargo, no podía hacer otra cosa que presentar la pregunta. A regañadientes, el profesor nos invitó a pasar a su estudio lleno de papeles y con impaciencia nos pidió que nos sentáramos. Muy cortésmente y de forma fría, me dijo que él no leía horóscopos. Con su forma de actuar, demostró, mejor que con sus palabras, que deseaba que nos fuéramos.

Mi amiga se levantó. Me sentí un poco perdida sin saber qué hacer en ese momento, porque sentía que aún no era el momento de marcharme. La intuición parecía decirme que había algo que tenía que saber. Puesto que era incapaz de poder definir qué era, me paré un momento, a pesar del desagrado de mi amiga, cuando uno de los enormes gatos persas del profesor saltó a mi regazo. "¡Baja de ahí Jack!" gritó el profesor. "¿Qué significara eso?" se preguntó a él mismo. Entonces, con un mayor interés del que antes había mostrado, el profesor dijo con una sonrisa en sus labios, "Nunca he visto a ese gato abalanzarse sobre un extraño, madame; mi gato aboga por usted". Ahora yo también siento un interés por su horóscopo, si me quisiera dar la información necesaria, sería un placer escribirlo para usted. Sentí una gran sensación de felicidad cuando le escuché hacer esta afirmación. Concluyó diciendo: "No creo que a usted le importe demasiado su horóscopo". La verdad que contenía esa afirmación me impactó, porque en realidad no me importaba el horóscopo, y no le podía dar ninguna razón por la cual le pedía que lo hiciera. Sin embargo, dijo, "¿Podría preguntarle por la información necesaria el próximo sábado por la tarde?".

El sábado por la tarde llegó el profesor a la hora establecida, y le estaba entregando la hoja en la que puse todos mis datos de nacimiento, etcétera, cuando me vino la idea de preguntarle por la respuesta sobre el versículo del capítulo 21 del Apocalipsis. Inmediatamente el pensamiento se convirtió en efecto, y me encontré preguntado a aquel hombre lo que pensaba sobre aquellas líneas. Sin pararse a pensar un segundo, respondió: "significa que la ciudad es la verdad, y la verdad no es invertible; no importa el lado desde el que te acerques, porque es exactamente igual". Intuitivamente y sin dudarlo supe que esa respuesta era la correcta, mi alegría en aquel momento no conocía límites, porque sabía que con aquella respuesta Troward me aceptaría como su alumna en otoño.

Conforme el astrólogo se marchaba, le conté todo lo relacionado con mi deseo de estudiar con Troward, y que había venido desde Nueva York por ese propósito sin que sirviera de nada, hasta que él me dio la respuesta a esa pregunta. Se mostró muy interesado y me hizo muchas preguntas sobre Troward. Cuando le pedí que me diera la factura, contestó sonriendo: "Hágame saber si Troward

"La verdad
no es invertible;
no importa el lado
desde el que te acerques,
porque es exactamente
igual."

la acepta como su alumna", y me dio las buenas tardes. Fui rápidamente a mi habitación para enviar un telegrama a Troward dándole de ese modo mi respuesta sobre la cuestión del versículo 16 del capítulo 21 del Apocalipsis.

Obtuve una respuesta inmediata de Troward que decía: "Tu respuesta es la correcta. Estoy empezando un curso de conferencias sobre Gran pirámide en Londres. Si deseas asistir a ellas, será un placer que vengas, y más adelante si todavía deseas estudiar conmigo, podemos organizarlo". Nada más recibir esta respuesta en seguida comencé con los preparativos para viajar hasta Londres.

Asistí a todas las conferencias, y me instruyeron mucho, y poco después empezamos a organizar todo lo necesario para estudiar con Troward. Dos días antes de partir de Cornwall, recibí una carta de Troward dándome las claras indicaciones por las cuales iba a comenzar mi estudio:

31 Stanwick Road,
W. Kensinton, Inglaterra
8 de noviembre de 1912

Estimada Sra. Behrend:

Sentía la necesidad de escribirle unas pocas líneas en relación a su propuesta de estudiar conmigo, ya que lamentaría que hubiera algún malentendido, y por lo tanto, se sintiera decepcionada.

He estudiado el tema durante muchos años, y tengo un conocimiento general de las principales características de la mayoría de los sistemas que, desafortunadamente, ocupan la atención en muchos círculos actualmente, como por ejemplo, la teosofía, el tarot, la cábala y otros similares, y no tengo dudas en afirmar que, todos los juicios y descripciones de lo llamado estudios ocultos están directamente opuestos a la verdad real, y por lo tanto, no debe esperar ningún tipo de enseñanza dentro de ese marco.

Oímos hablar mucho en la actualidad sobre la iniciación; pero créame, cuanto más intente convertirse en una "iniciada", más lejos se encontrará usted de vivir la vida. Habló tras estar años estudiando y reflexionando cuidadosamente cuando digo que la biblia y su revelación de Cristo es lo único que merece la pena estudiar, y que es un tema lo suficientemente extenso para todas las consciencias, pues abarca nuestra vida externa, todos los asuntos cotidianos y también las fuentes internas de nuestra vida, así como todo lo que podemos concebir de la vida en lo invisible, después de desprendernos de nuestro cuerpo al morir.

Usted ha expresado un grado alto de confianza en mis enseñanzas, y si su confianza es tal, como dice, que desea ponerse enteramente bajo mi orientación, es algo que sólo puedo aceptar con una gran responsabilidad, y debo de pedirle que exhiba en esa confianza el rechazo a los llamados "Misterios", a los que le prohíbo que brinde su atención.
Hablo desde la experiencia; pero el resultado

será que muchas de mis enseñanzas le parecerán simples, quizá dogmáticas, y dirá que ya había oído bastante de ellas antes.
La fe en Dios, la adoración y la oración, acercan al Padre a través de Cristo. Todo esto en cierto sentido le resultará familiar; por lo tanto, todo lo que espero hacer es, quizás, arrojar un poco más de luz sobre estos temas para que puedan ser para usted, no meramente palabras tradicionales, sino también realidades vivientes.

He sido tan explícito porque no quiero que usted quede defraudada, y también me gustaría decirle que nuestro llamado curso de estudio serán solo conversaciones amistosas cuando tengamos la ocasión de poder reunirnos, ya sea viniendo usted a nuestra casa, o yendo yo a la suya, como mejor convenga.
Además, también le prestaré algunos libros que le servirán de ayuda, pero solo son unos pocos, y no están ocultos en ningún sentido.
Ahora, si todo esto encaja con sus ideas, estoy seguro de que estaremos encantados

de reunirnos en Ruan menor, y verá que los residentes allí, aunque son pocos, son muy amables y el vecindario es muy bonito.
Pero si, de otro modo, siente que desea otra fuente de aprendizaje, no dude en decirlo, aunque nunca encontrarás ningún sustituto de Cristo.

Espero que no le importe que le haya escrito de este modo, pero es que no quiero que usted venga hasta Cornwall para sentirse decepcionada.

Con saludos cordiales,
Le saluda,
T. TROWARD.

Esta copia de la carta de Troward, a mi modo de ver es lo mejor que te puedo ofrecer.

Cómo hacer que el poder de tu palabra pase a la acción

En todas tus palabras está el germen de poder que se expande y se proyecta a sí mismo en la dirección que tus palabras indican, y en última instancia evolucionará en la expresión de la forma física. Por ejemplo, si deseas establecer la alegría en tu conciencia, simplemente repite la palabra "alegría" de forma secreta, persistente y enfáticamente. El germen de la alegría se empezará a expandir y a proyectarse a sí mismo hasta que todo tu ser este pleno de alegría. Esto no es una mera falacia, es una verdad. Una vez que experimentes este poder, demostrarás a diario que esas afirmaciones no han sido fabricadas para formar una teoría, sino que la teoría ha sido cuidadosamente construida a partir de la observación de los hechos. Todo el mundo conoce que la alegría proviene del interior. Quizá otros puedan darte causas por las que estar alegre,

"En todas
tus palabras está
el germen de poder que se
expande y se proyecta a sí
mismo en la dirección que tus
palabras indican, y en última
instancia evolucionará
en la expresión de
la forma física."

pero nadie podrá estar alegre por ti. La alegría es un estado de conciencia, y la conciencia, como define Troward, es "mental".

Las facultades mentales siempre funcionan porque hay algo que las estimula, y este estímulo puede venir desde el exterior, a través de los sentidos externos, o desde el interior a través de la conciencia de algo que no es perceptible desde el plano físico. El reconocimiento de esta fuente interior de estímulo te permite traer a tu conciencia cualquier estado que desees. Una vez que algo te parece normal es indudablemente tuyo por la ley del crecimiento y la atracción, de la misma manera que es tuyo conocer la suma después de hacer uso consciente de los números.

Este método de repetir la palabra hace que la palabra sea tuya en todo su significado y sin ninguna limitación, porque las palabras son la personificación de los pensamientos, y el pensamiento es creativo, no es ni bueno ni malo, es creador. Esta es la razón por la que la fe construye y el miedo destruye. "Solo ten fe, y todas las cosas serán posibles para ti". Es esta fe la que te da el dominio sobre cualquier circunstancia

"Las palabras
son la personificación
de los pensamientos, y el
pensamiento es creativo,
no es ni bueno ni malo, es
creador. Esta es la razón por
la que la fe construye y el
miedo destruye."

"El poder creador
está siempre presente
en el interior del corazón de
nuestras palabras, lo que hace
que tu salud, estado de ánimo
y tu condición financiera sea
una reproducción de tus
pensamientos más
habituales."

o condición adversa. Es tu palabra de fe la que te libera, no la fe en una cosa especifica o un acto, sino simplemente la fe en tu mejor "yo". Es por eso que el poder creador está siempre presente en el interior del corazón de nuestras palabras, lo que hace que tu salud, estado de ánimo y tu condición financiera sean una reproducción de tus pensamientos más habituales. Intenta creer y comprender esto, y descubrirás que tú eres el maestro de toda circunstancia adversa o condición, un príncipe del poder.

CAPÍTULO 12

Cómo hacer crecer tu fe

Pero tú te preguntas -¿Cómo puedo hablar de la palabra fe cuando tengo poca o ninguna? Todo ser vivo tiene fe en algo o en alguien. Es la cualidad de la energía creativa en la fe positiva lo que proporciona vitalidad, no la forma que adopta. Incluso el miedo intenso vive por la fe. Tienes miedo a la viruela porque crees que tienes la posibilidad de contraerla. Temes a la pobreza o a la soledad porque las ves posibles para ti.

Es tu tendencia habitual a la hora de pensar la que reaparece en tu mente, tu cuerpo, y tus asuntos, no el pensamiento ocasional sobre alguna cosa o deseo. Es la fe la que comprende que cada creación tuvo su nacimiento en el vientre del pensamiento y las palabras, lo que te da dominio sobre todas las cosas, incluido tu "yo" interior, y

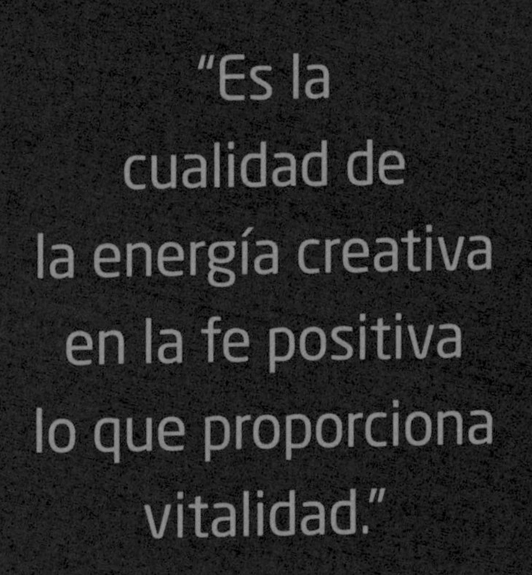

"Es la
cualidad de
la energía creativa
en la fe positiva
lo que proporciona
vitalidad."

"Es la fe
la que comprende
que cada creación
tuvo su nacimiento
en el vientre del
pensamiento y
las palabras."

este sentimiento o fe se incrementa e intensifica cuando observamos lo que hace.

Esta observación es la observación de tu estado de conciencia cuando lo hiciste, no cuando tuviste la esperanza de hacerlo, pero temiste que fuera demasiado bueno para ser verdad. ¿Cómo te sentiste en aquel momento cuando simplemente tuviste que entrar en un mejor estado de la mente, y lo hiciste, o tuviste que tener alguna cosa específica y la conseguiste? Vuelve a vivir esas experiencias una y otra vez (mentalmente) hasta que realmente sientas estar en contacto con el "yo" que conoce y sabe, y lo mejor que existe es tuyo.

CAPÍTULO 13

La recompensa de ver tu fe incrementada

Como has expandido tu creencia en la fe y en las leyes inequívocas del universo, tu fe en lo mejor de ti (el principio de vida en ti) te ha llevado a la realización consciente de que no eres una víctima del universo, sino una parte de él. En consecuencia, lo que está en tu interior es aquello que es capaz de establecer el contacto consciente con el principio universal de la ley y el poder, y lo que te permite utilizar todas las leyes particulares de la naturaleza, ya sea visibles o no, para que sirvan a tu demanda particular, y por lo tanto, que descubras que tú eres el maestro y no el esclavo en cualquier situación.

Troward nos dice que "este dominio tiene que ser conseguido mediante el conocimiento, y el único conocimiento que podrá cumplir este propósito en toda su inconmensurable inmensidad, es el conocimiento del elemento personal en el espíritu

"Lo que está
en tu interior es aquello
que es capaz de establecer el
contacto consciente con el
principio universal de la ley y el
poder, y lo que te permite
utilizar todas las leyes
particulares de la naturaleza,
ya sea visibles o no, para
que sirvan a tu demanda
particular."

universal", y su reciprocidad es nuestra propia personalidad. Dicho de otro modo, las palabras que piensas, la personalidad que sientes que tienes, todo son reproducciones en miniatura, o un Dios especializado "o el espíritu universal". Todas tus palabras y pensamientos fueron las palabras y las formas de Dios antes de que fueran tuyas.

Las palabras que usas son los instrumentos y los canales por los cuales la energía creativa toma forma. Naturalmente, este poder creador sensible sólo puede reproducirse de acuerdo con el instrumento por el cual pasa. Todas las decepciones y las equivocaciones son el resultado de esforzarse en pensar una cosa y producir otra. Esto es tan imposible como lo sería utilizar un ventilador para iluminar, o hacer que el agua fluya en línea recta por una tubería doblada.

El agua debe tomar la forma de la tubería por la que fluye. Y por tanto, esta sustancia sensible, invisible y fluida debe reproducir externamente de una manera fiel la forma del pensamiento y las palabras por el que pasa. Así es la naturaleza de esta ley; por lo tanto, es lógico pensar que "como un hombre piensa, así es él". De ahí que cuando tu pensamiento, palabra, o forma se corresponde con el movimiento eterno y constructivo de la ley universal, tu mente es el espejo en el cual el poder ilimitado y la inteligencia del universo se ven reproducidos, y tu vida individual se convierte en una vida de armonía.

“Las palabras
que usas son los
instrumentos
y los canales
por los cuales la
energía creativa
toma forma.”

Cómo hacer que la naturaleza te responda

Se debería tener constantemente en el pensamiento que existe una inteligencia y un poder en toda la naturaleza y el espacio, que es siempre creador e infinitamente sensible, y que responde. La capacidad de respuestas de su naturaleza es doble; es creativa y sensible a la sugestión. Una vez que el conocimiento humano comprende este dato de vital importancia, se dará cuenta de la simplicidad de la ley de la vida.

Todo lo que se necesita es darse cuenta de que tu mente es un centro de operación divina, y que por lo tanto contiene en su interior aquello que acepta sugestiones. Espera que la vida responda a tu llamada y encontrarás las sugestiones que se dirigen en la dirección de hacer llegar a ti tu deseo, no sólo proveniente de tus semejantes, sino también de las flores, el césped, los árboles y las rocas, y que te permitirán realizar el deseo de tu corazón, si actúas sobre ellos con confianza en el plano físico. "La fe sin palabras está muerta", pero obrar con fe te libera completamente.

“Espera
que la vida
responda a tu llamada y
encontrarás las sugestiones
que se dirigen en la dirección
de hacer llegar a ti
tu deseo.”

CAPÍTULO 15

Obrar con fe y lo que ello ha conseguido

Se dice de Tyson, el gran millonario australiano, que la sugestión "haz que la tierra desértica de Australia florezca como una rosa" le llegó a través de una pequeña y modesta violeta australiana mientras estaba trabajando como jardinero por unos tres chelines al día. El solía ver a esas amigables y pequeñas violetas crecer en ciertos lugares de los bosques, y algo de la flor llegó a la mente de Tsyon. Se sentaba por las noches al lado de su litera y se preguntaba cómo se podría dar a las flores y a la vida vegetal la oportunidad de expresarse en la tierra desértica de Australia.

Sin duda se dio cuenta de que le llevaría mucho tiempo ahorrar la suficiente cantidad de dinero para poner un sistema de riego en las tierras desérticas, pero en sus sensaciones y pensamiento estaba seguro de que se podía conseguir, y si se

"Si había
un poder en su interior
capaz de capturar la idea,
entonces debía de haber un
poder de respuesta dentro de
la idea en sí misma que
pudiera convertirla en
una manifestación
física."

podía conseguir, el podía hacerlo. Si había un poder en su interior capaz de capturar la idea, entonces debía de haber un poder de respuesta dentro de la idea en sí misma que pudiera convertirla en una manifestación física. De manera decidida, dejó de lado todas las cuestiones y las formas específicas en las que su deseo podía ser convertido en una manifestación física, y simplemente mantuvo su pensamiento centrado en la idea de construir cercas, césped y flores allá donde no las había.

Puesto que la capacidad de respuesta del poder de reproducción creativo es ilimitada en cualquier condición local de nuestra mente, su reflexión habitual y las imágenes mentales, posicionaron a sus ideas en una condición de libertad vagando por la infinitud, y que atraía a ellas mismas otras ideas de naturaleza similar. Por lo tanto, no fue necesario para Tyson esperar y ver sus ideas y deseos cumplidos hasta que había ahorrado de sus tres chelines al día la cantidad de dinero suficiente como para regar la tierra, porque sus ideas encontraron a otras ideas en el mundo financiero que se armonizaban en simpatía con ellas mismas, y las puertas de las finanzas se abrieron rápidamente.

Todas las instituciones caritativas se mantienen sobre el principio de la capacidad de respuesta de la vida. Si esto no fuera verdad, nadie se preocuparía por donar simplemente por el hecho de que otra persona lo necesite. Las leyes de la oferta y demanda, y de causa y efecto, nunca se pueden impedir. Las ideas atraen a ellas ideas similares. A veces provienen de una flor, de un libro o de lo invisible. Estás sentado o paseando, concentrado sobre una idea que está sin completar en las formas y caminos para cumplirla, y entonces contemplas otra idea, que nadie puede saber de dónde proviene, pero que se encuentra bien recibida por tu idea, una idea atrayendo a la otra, así hasta que tu deseo se convierte en una realidad física.

Puede que sientas la necesidad de obtener una mejoría en tus finanzas y te preguntas cómo hacer para producir este incremento, cuando repentinamente parece venir desde el interior la idea de que todo nace en el pensamiento, incluso el dinero y tus pensamientos cambian el rumbo. Simplemente mantén la declaración o afirmación de que lo mejor y todo lo que existe, es tuyo.

"Las leyes
de la oferta y demanda,
y de causa y efecto, nunca
se pueden impedir. Las ideas
atraen a ellas ideas
similares."

"Puesto que
estás capacitado para
capturar ideas desde el
infinito a través del instrumento
de tu intuición, deja a tu
mente descansar sobre ese
pensamiento, sabiendo con
certeza que responderá
por el mismo."

Puesto que estás capacitado para capturar ideas desde el infinito a través del instrumento de tu intuición, deja a tu mente descansar sobre ese pensamiento, sabiendo con certeza que responderá por el mismo. Inhibirte del pensamiento de la duda y de la sensación de ansiedad permite a las ideas establecerse por ellas mismas y atraer las ideas del "Yo puedo", y "Yo lo haré", que crecen gradualmente en la forma física que desea la mente.

En la utilización consciente del poder universal para reproducir tus deseos en forma física, existen tres factores que deberían tenerse en cuenta:

Primero – Todo el espacio esta ocupado por el poder creador.
Segundo – Este poder creador está abierto a sugerencias.
Tercero – Sólo puede funcionar con métodos deductivos.

Como nos dice Troward, este último factor es sumamente importante, ya que implica que la acción del siempre presente poder creador no esta limitada por ningún precedente. Funciona de acuerdo a la esencia del espíritu del principio. En otras palabras, este poder universal escoge la dirección de la creación de las pablaras que le ofreces. Una vez que el hombre se da cuenta de esta gran verdad, se convierte en lo más importante a considerar, con lo que el carácter de este poder sensible y reproductor se ve afianzado. Es la ley inalterable de este principio de vida creadora que "el hombre es tal y como piensa en su corazón que es". Si te das cuenta de la verdad de que el único poder creador puede ser para ti lo que tú sientes y piensas que puede ser, estará dispuesto y con la voluntad de cumplir tus exigencias.

Troward dice, "si piensas que tu pensamiento tiene poder, entonces tu pensamiento tendrá poder". "El hombre es tal y como piensa en su corazón que es" es la ley de la vida, y el poder creador no puede cambiar esta ley, igual que un espejo no puede reflejar una imagen diferente del objeto que esta ante él. "Tú eres como piensas que eres", eso no quiere decir que seas "como le dices a la gente que piensas" o "como te gustaría que el mundo creyera que piensas". Se refiere a tus pensamientos más íntimos, a ese lugar que solo

"Si piensas
que tu pensamiento
tiene poder, entonces tu
pensamiento tendrá poder".
"El hombre es tal y como
piensa en su corazón
que es."

tú eres capaz de conocer. "Nadie puede conocer al padre, excepto el hijo" y "nadie puede conocer al hijo, excepto el padre".

Solamente el espíritu de la vida, creador y reproductor, sabe lo que piensas, hasta que tus pensamientos se convierten en realidades físicas y se manifiesten en tu cuerpo, mente, o en tus asuntos. Entonces, todas las personas con las que tienes contacto podrán saberlo, porque el Padre, la energía creativa inteligente que escucha en secreto, oye tus más secretos pensamientos, te recompensa abiertamente, y reproduce tus pensamientos en forma física. La frase, "Puesto que piensas, sabes en qué te vas a convertir", debería mantenerse siempre en nuestra mente. Esto significa rezar y observar sin cesar, aunque no te sientas con fuerza para rezar físicamente.

Sugerencias sobre cómo rezar o pedir, creyendo que ya has recibido

Pensamiento científico – Pensamiento positivo.

Sugerencias para la aplicación práctica:
Intenta, a través de un pensamiento meticuloso, positivo, enfático (pero no fatigoso), darte cuenta de que la indescriptible sustancia invisible de la vida ocupa todo el espacio; que su naturaleza es inteligente, plástica y subjetiva.

Las cinco de la mañana es la mejor hora para tener este tipo de reflexión. Si te acuestas temprano cada noche durante un mes, y antes de quedarte dormido, impresionas en tu mente subjetiva la afirmación, "Mi padre es el gobernante de todo el mundo, y está expresando su poder directo a través de mí", descubrirás que la sustancia de la vida escoge su forma en el molde de tus pensamientos.

No aceptes la sugerencia de arriba porque simplemente te ha sido dada. Vuelve a pensar cuidadosamente en ella hasta que quede impresa en tu propia mente subconsciente, y con el entendimiento adecuado. Levántate cada mañana, como te ha sido sugerido, a las 5 de la mañana, siéntate en una habitación tranquila apoyándote sobre una silla recta, y piensa sobre la afirmación de la noche anterior, te darás cuenta y serás capaz de poner en práctica tu gran poder con el reconocimiento de que tu mente realmente es el centro a través del cual la energía creadora y el poder están tomando forma.

Oración científica:

El principio basado en la oración científica.

Al rezar para cambiar una circunstancia física, mental o financiera para ti o para otra persona, ten en cuenta que la necesidad fundamental para la respuesta a tu oración es el conocimiento de la afirmación científica:

"Pide, CREYENDO QUE YA HAS RECIBIDO, y entonces lo recibirás."

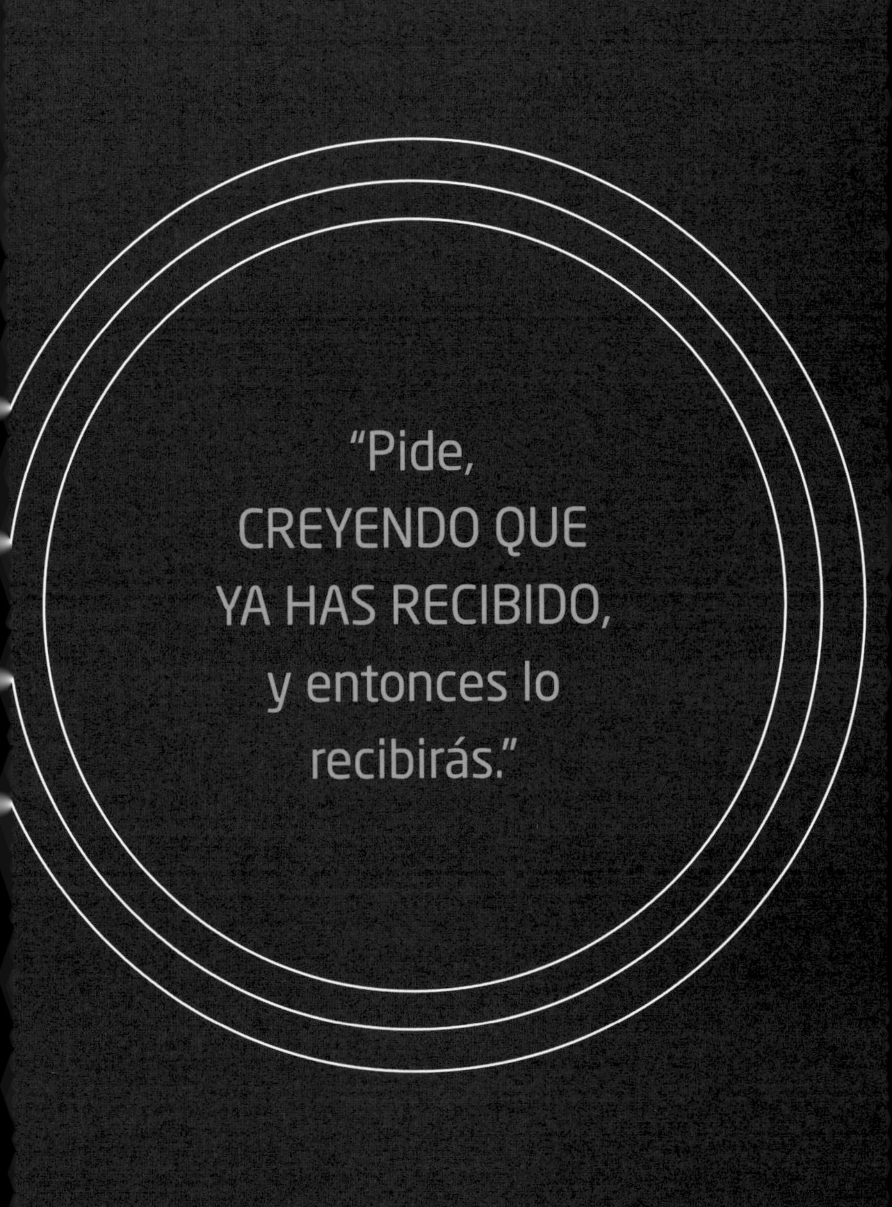
"Pide,
CREYENDO QUE
YA HAS RECIBIDO,
y entonces lo
recibirás."

Esto no es tan difícil como puede parecer a primera vista, una vez descubres que todo tiene su origen en la mente, y que lo que buscas en el exterior, ya lo tienes. Nadie puede tener un pensamiento en el futuro. Tu pensamiento de algo constituye su origen.

POR LO TANTO:

La forma del pensamiento de ese algo ya es tuya tan rápido como la pienses. Tu reconocimiento continuo de esta posesión del pensamiento causa que el pensamiento se concentre, se condense, para proyectarse y adoptar una forma física.

Hacerse rico a través de la creación.

El reconocimiento o la idea de nuevas fuerzas de riqueza es la aspiración más elevada que puedes llevar a tu corazón, ya que asume e implica la mejora de los objetivos nobles.

Temas a recordar sobre la oración para ti mismo o para otra persona: Recuerda que lo que llamas tratamiento u oración, no es en ningún caso hipnotismo. Nunca debería ser tu motivación poseer la mente de otra persona. Recuerda que nunca deberías tener la intención de hacerte creer que lo que tú conoces no es la verdad. Simplemente estás pensando sobre Dios o sobre la primera causa con el entendimiento de que:

"Si algo es verdad, hay una manera de que sea verdad en todo el universo". Recuerda que el poder del pensamiento funciona por principios absolutamente científicos. Estos principios están expresados en el lenguaje de la afirmación:

"Como un hombre piensa en su corazón, así es él."

Esta afirmación contiene un mundo de sabiduría, pero es necesario que se tenga un cuidadoso reconocimiento de la misma, para poder hacer una aplicación adecuada en el uso práctico.

Recuerda que los principios implicados en el hecho de ser lo que pensamos en lo más íntimo son aclarados y revelados por la ley de "Lo que siembres, cosecharás."

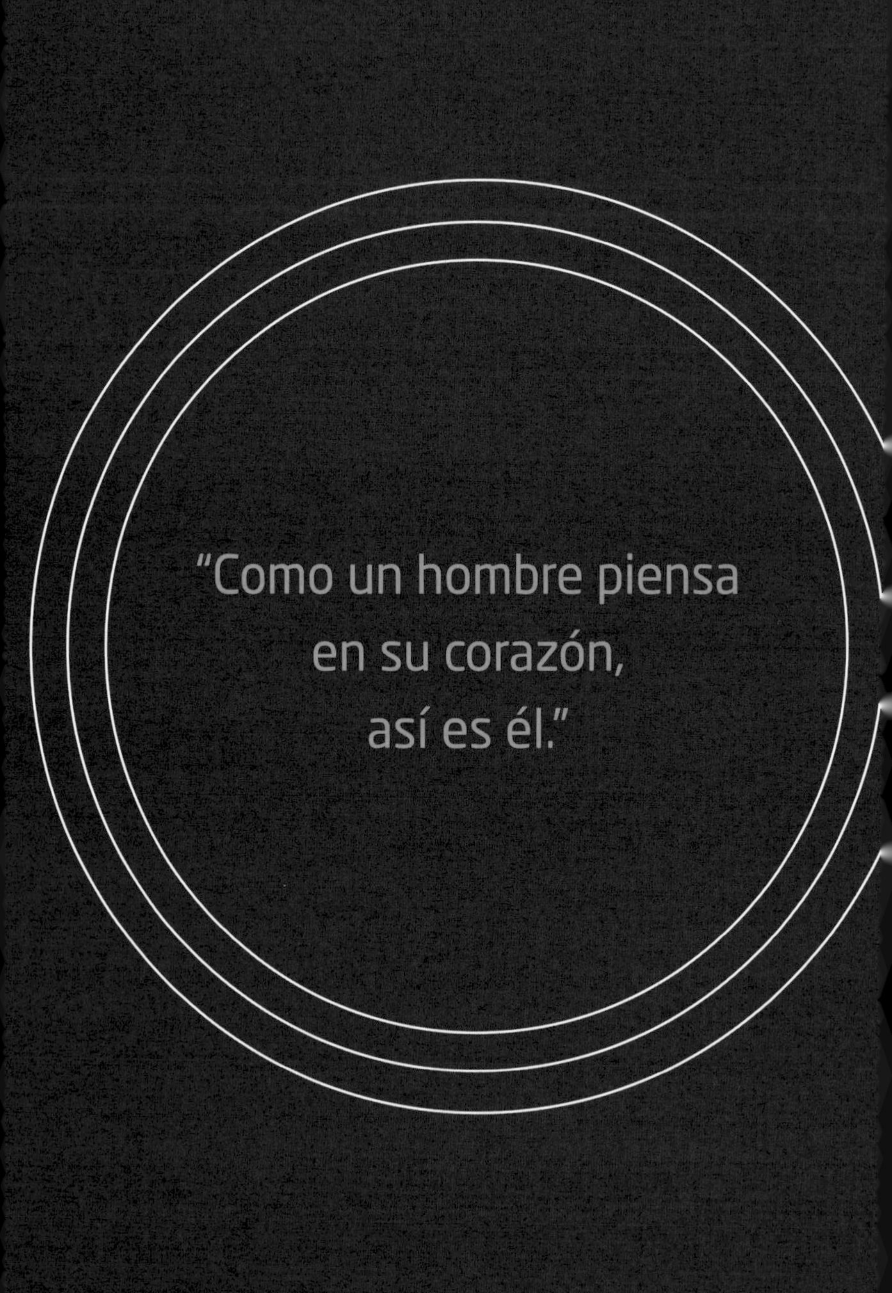
"Como un hombre piensa
en su corazón,
así es él."

"Recuerda
que los principios
implicados en el hecho
de ser lo que pensamos
en lo más íntimo son
aclarados y revelados por
la ley de "Lo que
siembres, cosecharás".

Recuerda que tu libertad para elegir lo que vas a pensar, exactamente qué pensamiento de posesión vas a afirmar y proclamar, constituye el regalo que te ofrece Dios.

Ello demuestra...

Que la primera causa ha dotado a cada hombre con el poder y la habilidad de llevar a su entorno personal lo que él quiera que sea. Causa y efecto en lo que se refiere a conseguir:

Si plantas una **BELLOTA**, obtienes un **ROBLE**. Si plantas un grano de **MAÍZ**, cosechas un **TALLO** y **MUCHOS GRANOS DE MAÍZ**. Siempre obtienes la manifestación, inconsciente o conscientemente, de aquello que **AFIRMAS** y **DECLARAS**, lo que habitualmente afirmas y esperas, o en otras palabras **"LO QUE SIEMBRAS"**.

Por lo tanto, siembra las semilla de **YO SOY... YO DEBO... YO PUEDO... DESCUBRIRÉ...** que porque **tú ERES**, **tú DEBES**, que porque **tú DEBES**, **tú PUEDES**, que porque, **tú PUEDES**, **tú LO HACES**.

"Siempre obtienes
la manifestación,
inconsciente o
conscientemente, de aquello
que AFIRMAS y DECLARAS, lo
que habitualmente afirmas y
esperas, o en otras palabras
'LO QUE SIEMBRAS'."

La manifestación de esta verdad, incluso en una pequeña proporción, te dará el conocimiento indiscutible de que **EL DOMINIO ES TU DERECHO**. Eres un heredero de la primera causa, dotado de todo el poder que **ELLA** tiene. Dios te ha dado todo. **TODO** es tuyo, y sabes que lo único que tienes que hacer es levantar tu brazo mental y cogerlo.

Esta fórmula puede que sirva como patrón para formar tu propia oración o afirmación sobre Dios para tu beneficio o el de otra persona.

Si es para otra persona, pronuncia el nombre de la persona que desees ayudar, y entonces saca de tu conciencia cualquier característica de su personalidad.

Intensifica tu pensamiento mediante la meditación sobre el hecho de que lo que reside en ti es lo que encuentra el camino, es decir, la verdad y la vida.

Estás afirmando este hecho convencido de que, como tú también lo estás pensando, ya es tuyo. Habiendo elevado tu sentimiento a la idea central de esta meditación, examina tu propia consciencia para ver si hay algo que sea distinto de Dios. Si hay algún sentimiento de miedo, preocupación, malicia, envidia, odio o celos, vuelve a tu meditación para limpiar tus pensamientos a través de la afirmación de que el amor de Dios y su pureza ocupa todo el espacio incluyendo tu corazón y tu alma. Reconcilia a tu pensamiento con el amor de Dios, siempre recordando que:

Tú has sido creado a imagen y semejanza del amor.

Mantén ese pensamiento limpio en la mente hasta que sientas que has liberado totalmente a tu conciencia de todos los pensamientos y sentimientos que no sean:

El amor y la unidad con toda la humanidad.

Entonces, si las negaciones no te molestan, deniega todo lo que no sea como la manifestación que deseas. Una vez consigas esto, prácticamente sobrepondrás a tu negativa con el pensamiento que

“Intensifica
tu pensamiento
mediante la meditación
sobre el hecho de que lo
que reside en ti es lo que
encuentra el camino,
es decir, la verdad
y la vida.”

"Tú
has sido
creado a imagen
y semejanza
del amor."

afirma que: Has sido creado a imagen y semejanza de Dios, y que ya tienes tu deseo cumplido en su primera forma espiritual o de pensamiento.

El final de la oración:

La oración como método de pensamiento es un uso deliberado de la ley que te proporciona el poder del dominio de todas las cosas que tienen a impedir, de cualquier modo, tu perfecta libertad. SE TE HA DADO LA VIDA PARA QUE PUEDAS DISFRUTARLA MÁS Y DE UNA FORMA MÁS PLENA. El continuo reconocimiento de esta verdad te hace declararte como un PRÍNCIPE DEL PODER.

Reconoces, aceptas y usas este poder como EL HIJO DE UN REY, Y POR LO TANTO, EL DOMINIO ES TU DERECHO DE NACIMIENTO. Entonces, cuando sientas que la luz de esta gran verdad fluya por tu consciencia, abre las puertas de tu alma con sinceridad alabando que tienes el conocimiento de que EL CREADOR Y SU CREACIÓN SON UNO.

También que el creador está continuamente creando a través de su creación.

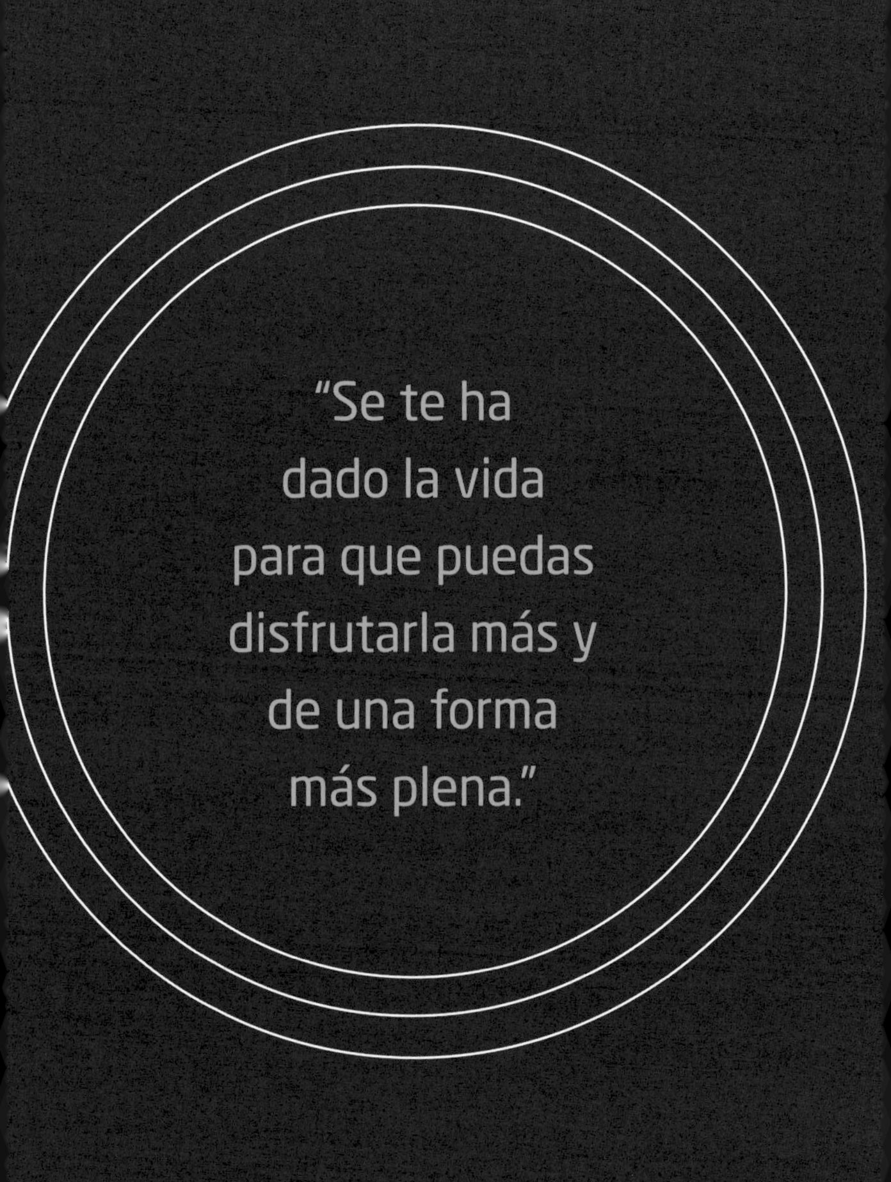
“Se te ha
dado la vida
para que puedas
disfrutarla más y
de una forma
más plena.”

Termina tu tratamiento con la feliz certeza de que la oración que se ha completado no es una forma de suplicar, sino una afirmación constante y habitual de que el creador de todas las creaciones está operando específicamente a través de ti, por lo tanto;

LA OBRA DEBE HACERSE A LA PERFECCIÓN – TU MENTE ES UN CENTRO DE OPERACIÓN DIVINA.

Consejos para la aplicación y la práctica:

Por cada cinco minutos dedicados a la lectura y al estudio de las teorías de la ciencia mental, dedica quince minutos al uso y a la aplicación del conocimiento adquirido.

1. Pasa un minuto de cada veinticuatro horas pensando conscientemente sobre la especificación

que debe ser observada para obtener respuestas a tus plegarias.

2. Practica continuamente mantener el pensamiento de lo que deseas durante dos periodos de quince minutos, cada día. No sólo debes contar el tiempo para ver durante cuánto puedes mantener una idea en tu visión mental, sino que también, debes llevar un registro por escrito de la intensidad de las imágenes que experimentas en tu mente. Recuerda que tus habilidades mentales son tan variadas como tus habilidades físicas y que se pueden entrenar.

3. Dedica cinco minutos cada día, entre las 12 del mediodía y la una de la tarde, a la búsqueda mental de nuevas fuentes de riqueza.

“Por cada
cinco minutos
dedicados a la lectura
y al estudio de las teorías
de la ciencia mental, dedica
quince minutos al uso y a la
aplicación del conocimiento
adquirido.”

Cosas que recordar

Recuerda que el más relevante ejemplo en el estudio de la ciencia mental que el mundo jamás ha conocido (Jesucristo, el Hombre) dijo que todas las cosas que existen en el mundo son posibles para ti.

Y también "Tú puedes hacer, lo que yo puedo hacer". ¿Dijo la verdad?

Jesús no afirmó ser más divino de lo que lo eres tú. El pronunció que todos los seres humanos eran los hijos de Dios. Por nacimiento, él no era una excepción. El poder que poseía lo desarrolló a través de su esfuerzo personal. Dijo que tú podías hacer lo mismo, simplemente creyendo en ti. Una gran idea no tiene valor si no está acompañada de la acción física. Dios da la idea; el ser humano la desarrolla sobre el plano físico.

Lo que en realidad merece la pena, es la realización. El dominio propio de uno mismo, puede producirla. El cuerpo y el alma son uno. La satisfacción de la mente es la satisfacción del alma, y la satisfacción del alma es la satisfacción del cuerpo.

Si deseas una condición saludable, observa tus pensamientos, no sólo tu ser físico, sino todos tus pensamientos sobre todas las cosas y todas las personas. Con tu voluntad, haz que se mantengan en línea con tu deseo, y actúa externamente de acuerdo a tus pensamientos. Muy pronto, descubrirás que se te ha otorgado el poder sobre tus pensamientos y tus circunstancias. Tú crees en Dios. Cree en ti mismo como el instrumento físico a través del cual Dios opera. El dominio absoluto es tuyo cuando tienes la suficiente maestría para conquistar a las tendencias negativas de pensamiento y acción.

Pregúntate a diario:

¿Cuál es la finalidad del poder que me trajo aquí?

"Si deseas
una condición saludable,
observa tus pensamientos,
no sólo tu ser físico, sino
todos tus pensamientos
sobre todas las cosas y todas las
personas. Con tu voluntad, haz
que se mantengan en
línea con tu deseo, y actúa
externamente de acuerdo a
tus pensamientos."

"Pregúntate
a diario:
¿Cuál es la finalidad del
poder que me trajo aquí?,
¿Cómo puedo obrar con
propósito por la vida y la
libertad en mí?"

¿Cómo puedo obrar con propósito por la vida y la libertad en mí?

Habiendo respondido a estas cuestiones, dedícate a realizarlas a cada hora. Eres una ley en ti mismo.

Si tienes la tendencia de excederte en algo, ya sea comer, beber, o maldecir la circunstancia de las condiciones adversas, conquista esa tendencia con la convicción interior de que todo el poder es tuyo en el plano exterior. Come menos, bebe menos, maldice menos y, lo mejor que existe crecerá progresivamente en el lugar donde parecía que estaba todo lo peor.

Recuerda siempre que todo lo que existe es tuyo, para que lo uses como quieras. Puedes si quieres, y si quieres lo consigues.

Dios, el Padre, te bendice con todo lo que Él tiene para darte.

Haz un buen uso de ello.

La razón por la que tuviste un gran éxito cuando empezaste tus estudios y demostraciones en la ciencia mental es que tu alegría y tu entusiasmo, ante el simple descubrimiento del poder interior, fue mucho mayor de lo que más adelante has sido capaz de entender.

Con un entendimiento cada vez mayor, pon más alegría y entusiasmo, y los resultados te corresponderán.

ACERCA DE LA AUTORA

GENEVIEVE BEHREND (1881 – 1960) fue la única estudiante del gran maestro Thomas Troward

Nació en 1881 en Francia y creció en París. Posteriormente residió en Nueva York. Entre 1912 y 1914 enfocó su vida al estudio de la metodología y filosofía de Thomas Troward, cuyas influyentes y atractivas ideas supusieron la base de lo que hoy se llama la ciencia del estudio de las leyes de la mente. En especial de todo lo relacionado con la Ley de la atracción.

Después de estudiar con Troward, fundó la Escuela del nuevo pensamiento en 1915 en Nueva York, que gestionó hasta 1925. Posteriormente fundó en Los Ángeles otra escuela de nuevo pensamiento que le mantuvo viajando y dando conferencias por más de 35 años alrededor de toda Norte América sobre ciencia mental y nuevo pensamiento.

Para muchos de los conocedores y estudiosos de esta temática, Genevieve Behrend sigue siendo a día de hoy un referente fundamental en la materia.

OTROS TÍTULOS DE LA COLECCIÓN

MAXIMOPOTENCIAL